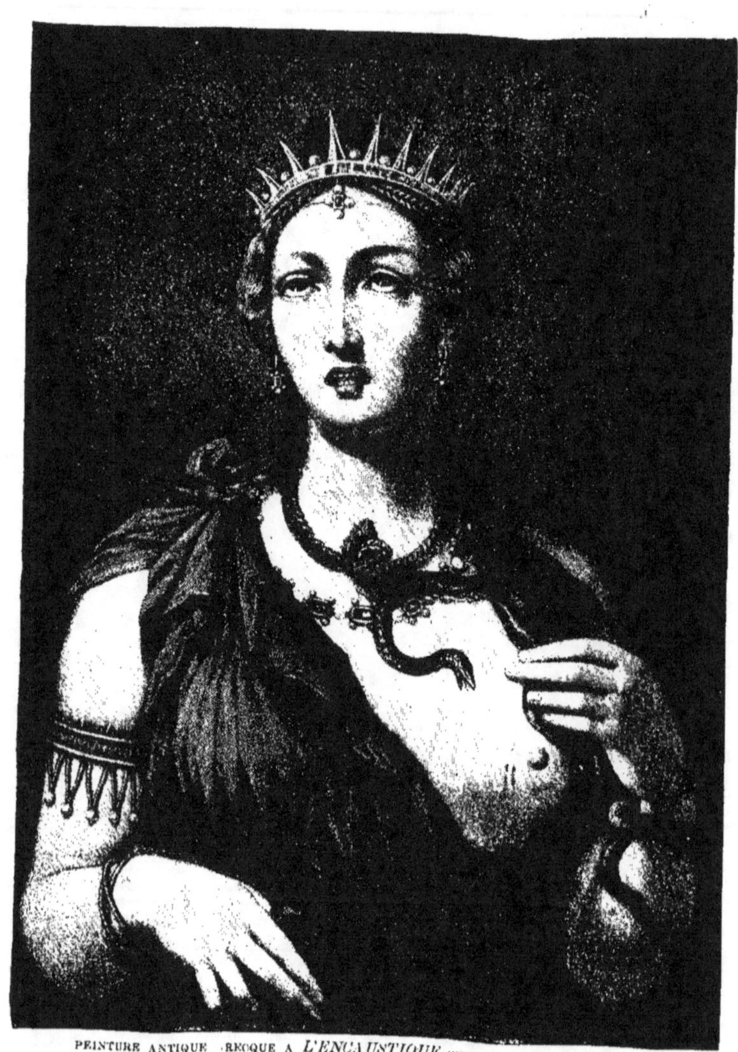

PEINTURE ANTIQUE GRECQUE A *L'ENCAUSTIQUE* SUR ARDOISE, REPRÉSENTANT

LA REINE CLÉOPATRE SE DONNANT LA MORT AU MOYEN DU SERPENT AFRICAIN LE "NAJA"

PEINTURE RETROUVÉE EN 1818, DANS LES RUINES D'UNE CELLA DU TEMPLE DE SÉRAPYS
VILLA ADRIANA, SOUS TIVOLI, PRÈS DE ROME.

PEINTURE GRECQUE

SUR

ARDOISE A L'ENCAUSTIQUE

Représentant la Reine

CLÉOPATRE

SE DONNANT LA MORT

AU MOYEN DU

SERPENT AFRICAIN LE « NAJA »

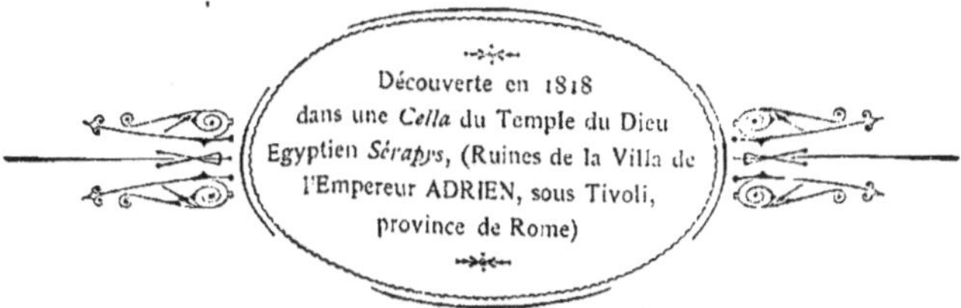

NICE
IMPRIMERIE NOUVELLE, BERNA & BARRAL
12, Rue Alberti, 12
1889

DÉDICACE

A Monsieur le Commandeur Baron DE BENNEVAL, président d'honneur de première classe et fondateur de la Section Sorrentine, délégué général en Italie, titulaire de la grande Etoile de mérite, de la Croix de mérite de la Société des Chevaliers-Sauveteurs des Alpes-Maritimes, Commandeur et Officier de divers rOdres, &c., &c.

Au moment où la France convie les nations de tous les points du Globe à ce tournoi où toutes les intelligences de ce monde sont appelées à exposer les résultats de leurs laborieuses études ; est-il indiscret d'accorder un hommage aux travaux de ceux qui nous ont devancé dans ce rude combat de la vie.

Nous ne le pensons pas, chaque Ere de l'histoire des Peuples n'a-t-elle pas eu ses artistes, merveilleux ouvriers de la première heure qui nous ont laissé des souvenirs brillants de ce que fut leur talent et leur savoir en toutes choses.

Si quelques-uns de ces souvenirs sont arrivés jusqu'à nous, d'autres dont l'origine se perd dans la nuit des temps, nous sont restés inconnus, et c'est un de ceux-là que vous enlevez aujourd'hui au domaine de l'oubli, à l'effet d'en offrir la vue aux contemporains de nos jours.

La science qui marche à grands pas vers la voie du progrès vous saura certainement gré de la surprise remarquable que vous lui réservez.

A notre humble avis, votre tableau représentant la REINE CLÉOPATRE *se donnant la mort au moyen du serpent africain le Naja, est peint de main de maître à l'encaustique sur ardoise, et nous paraît digne de prendre place au nombre des merveilles de l'art ancien, qui viendront bientôt illustrer la grande Exposition nationale de notre France aimée.*

Il ne nous coûte rien de souhaiter que le Public savant et impartial lui réserve un accueil digne de sa beauté.

Les Membres du Conseil supérieur de la Société des Chevaliers-Sauveteurs des Alpes-Maritimes :

Le Président : Avocat A. RISSO, Chevalier de l'Ordre du Christ de Portugal. — *Les Vice-Présidents :* Commandant PONTREMOLI, Officier de la Couronne d'Italie, Chevalier de Saints Maurice et Lazare ; D. LATTÈS, négociant, Commandeur de l'Ordre du Nicham Iftikar, Chevalier de divers Ordres. — *Le Secrétaire général :* Abbé IMBERT, Chevalier de la Légion d'honneur, Officier de divers Ordres.— *Le Secrétaire général :* J. DUPONT décoré de l'Ordre de St-Wladimir de Russie. — *Le Trésorier général :* J.-B. BERNA, imprimeur, décoré des Médailles commémoratives de l'Indépendance italienne, Chevalier de divers Ordres. — V. CERUTTI, négociant, membre de l'Académie nationale de France. — François BAUD, Officier de divers Ordres.

PEINTURE GRECQUE

SUR

ARDOISE A L'ENCAUSTIQUE

Représentant la Reine

CLÉOPATRE

DÉCOUVERTE EN 1818

Philadelphie : GEORGE GEBBIE & C°

1885

I

Tel est le titre d'un livre splendide publié par Sir John Sartain, Esquire, de Philadelphie (Etats-Unis d'Amérique).

Sir John Sartain est le plus grand graveur d'Amérique. C'est un personnage d'un immense mérite, et nous sommes heureux de nous dire son ami.

C'est même à titre d'ami que nous nous permettons de publier quelques réflexions sur cette magnifique publication.

Si nos lecteurs ont bonne mémoire, ils se souviendront que nous avons consacré divers articles à cette œuvre *colossale* et *unique au monde la* **Cléopâtre** *se donnant la mort*, TABLEAU A L'ENCAUSTIQUE, appartenant au Baron de Benneval, un français établi depuis longues années dans notre belle Italie, et plus spécialement à Piano di Sorrento, centre de la ravissante péninsule Sorrentine.

Nous avons même publié un opuscule sur cette magnifique composition qui n'a point son égale, sauf dans les productions de notre divin Raphaël.

La publication de Sir John Sartain, Esquire, est en tous points remarquable, parce qu'elle nous donne, non seulement de fort belles gravures du *Maître américain*, mais aussi une série d'articles de la plus haute importance, notamment celui publié dans l'*Allgemeine Zeintung de Munich* par le célèbre savant allemand docteur R. Schoëner. (1)

Ce qu'il y a de précieux dans cet immense travail du publiciste allemand, c'est qu'il donne la preuve, suivant les auteurs anciens, que cette peinture à l'encaustique est bien *grecque*, et qu'elle doit être celle que fit faire l'Empereur Auguste pour figurer sur son char de triomphe, la Reine Cléopâtre ayant préféré la mort à l'ignominie de l'esclavage !

Le célèbre savant Pisan, professeur Tanucci, avait conclu que Timomakos de Bizance, ayant été le peintre préféré d'Auguste, et fait en Grèce un portrait de la Reine Cléopâtre, devait être l'auteur du tableau, possédé actuellement par le Baron de Benneval ; mais le docteur Schoëner ne précise pas le nom du peintre, comme le professeur Tanucci, bien que pour le reste, leurs opinions concordent au point de vue de l'antiquité grecque, ce qui est la *question principale*.

Le magnifique livre de Sir John Sartain répandu dans le monde entier, offert et accepté gracieusement, par les souverains, princes, grands personnages politiques et savants de l'Europe et de l'Amérique, a servi de point de départ à de très nombreuses publications des plus intéressantes.

Nous nous permettrons seulement la reproduction d'un article publié dans le journal l'*Illustration*, de Paris, le 2 octobre 1885, et reproduit par l'*Italie*, de Rome, le 26 octobre même année. Il est de M. Jules Comte, inspecteur général des Beaux-Arts de France et l'un des plus savants archéologues modernes, très compétent surtout dans les questions de l'antiquité grecque ! Nos lecteurs nous seront donc reconnaissants de leur fournir en entier ce remarquable travail :

« N'est-ce pas tout d'abord un fait étrange et bien digne de remarque, que cette disparition, presque complète, des œuvres de la peinture grecque, ou du moins que cette infériorité de celles qui nous sont parvenues, par rapport aux merveilles de la sculpture et de l'architecture ? Il est impossible cependant de retrouver dans les auteurs les noms de Zeuxis, de Polignote, de Parrhasius, d'Apelle, sans se demander ce que furent les contemporains de Phidias, de Praxitèle et de Lysippe ; de ce fantôme qui erre sous les murs d'Her-

(1) Voir l'immense et colossal travail du savant professeur allemand docteur R. Schoëner, dans les quatre numéros de l'*Allgemeine Zeitung, de Munich*, 227, 228, 229, 230, août 1882 et la note insérée dans le numéro 308, 1883.

culanum et de Pompeï, dans des palais romains et dans des musées, tandis que l'encaustique a disparu.

« Le plus célèbre des rares ouvrages exécutés par ce procédé est la fameuse *Muse* de Cortona, trouvée, il y a une quarantaine d'années, dans un champ voisin de cette ville ; elle a été souvent décrite ; on connaît moins la *Cléopâtre* dont nous publions aujourd'hui la reproduction, d'après la gravure de M. John Sartain, l'illustre graveur américain, qui est cependant la plus importante qui nous ait été conservée.

« MM. Henry Cros et Charles Henry ont publié récemment dans la belle collection que dirige notre savant confrère M. Eugène Müntz un volume spécialement consacré à l'étude de la question ; nous ne pouvons mieux faire que de résumer brièvement la restitution qu'ils ont donnée du procédé : de bâtons, de cire résine colorée étaient fondus au feu, dans des godets séparés ou sur une palette métallique à godets, ou l'artiste puisait successivement les couleurs au moyen d'un pinceau ; les tons ainsi appliqués sur le panneau à couvrir étant rudes et sans liaison, des fers chauds venaient les lier ensuite et produisaient les nuances intermédiaires, de manière à arriver au modelé le plus délicat.

« On comprend aisément les avantages d'une telle peinture, qui ne s'écaille jamais, que le soleil n'altère pas, qui est naturellement garantie contre les vers et l'humidité, en un mot, qui ne subit pas l'action du temps ; tous avantages qu'on apprécie bien, en regardant cette *Cléopâtre*, dont toutes les couleurs, et surtout les chairs ont été si profondément unifiées par le fer chaud qu'elles forment comme une sorte d'émail indestructible. Cette merveilleuse peinture fut trouvée, en 1818, dans la villa d'Adrien, près de Tivoli, à deux heures de Rome, par un antiquaire nommé Micheli qui avait à Florence de magnifiques collections ; après des vicissitudes qu'il serait trop long de narrer ici, elle est arrivée entre les mains de M. le Baron de Benneval,grand amateur des choses d'art,et propriétaire d'une villa à Piano di Sorrento, près de Naples, où les voyageurs sont gracieusement admis à l'admirer.

« C'est ainsi que M. John Sartain, qui avait copié à Cortona la fameuse *Muse*, fut attiré à Naples par le désir de connaître la *Cléopâtre*, peinte également sur ardoise, mais quatre fois plus grande que sa célèbre rivale. M. John Sartain, qui est aujourd'hui le plus illustre des artistes des Etats-Unis, et dont le nom est bien connu en Europe, fut si enthousiasmé de sa visite qu'il résolut de consacrer à cet inestimable trésor de l'art grec un monument digne de lui. Il prépare, à cet effet, une magnifique publication sur laquelle nous aurons occasion de revenir à loisir, et dont nous avons été heureux d'extraire, dès à présent, au profit de nos lecteurs, la reproduction du joyau unique que possède M. de Benneval. »

Après M. Jules Comte et ses éminents confrères français en archéologie, MM. Eugène Müntz, Henry Cros et Charles Henry qui ont écrit également sur cette belle peinture grecque, et conclu tous, comme le savant allemand R. Schoëner, et notre compatriote de Pise Prof. Tanucci, que cette *Cléopâtre* à l'encaustique est réellement *œuvre grecque* et nullement du moyen âge comme l'ont prétendu certains critiques qui se refusent à croire à la peinture grecque, nous avons aussi l'opinion semblable de deux grands savants italiens modernes, le Commandeur Bartolomeo Capasso, surintendant général des Archives civiles et militaires de Naples, auteur de nombreuses et célèbres publications, puis le Colonel Novi qui a fait des études spéciales sur l'encaustique ancien, ainsi que le Chevalier Botti, inspecteur général des Beaux-Arts à l'Académie Royale de Venise.

Nous pourrions encore citer des écrivains d'autres nations; mais pour le moment nous nous bornerons à ne parler que de M. Iwanoff, le célèbre correspondant du *Nouveau Temps* de Saint-Pétersbourg, de M. Mac Henns, du *Berliner Tagblatt* et surtout du célèbre et si éminent savant viennois, le docteur Oskar Berggruem qui a déjà fait un premier article fort remarquable dans le journal si renommé *Die Graphischen Kunste* qui se publie à Vienne.

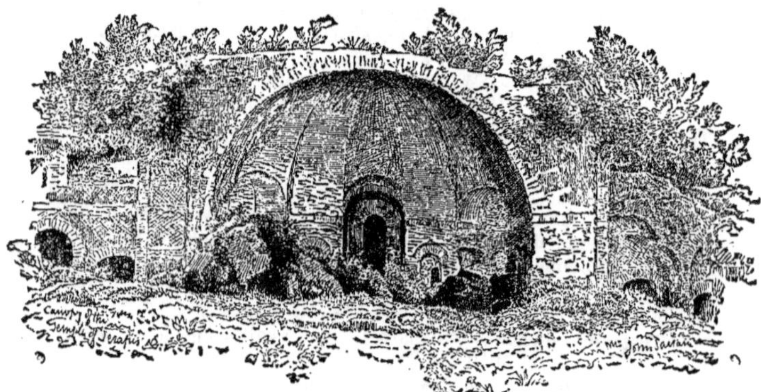

CELLA DU TEMPLE DE SÉRAPYS DANS LA VILLA ADRIANA, OÙ FUT RETROUVÉE LA CLÉOPATRE

La liste des savants de tous les pays du globe qui ont traité cette question de l'*antiquité grecque de la Cléopâtre* du Baron de Benneval est trop longue pour que nous la donnions, aussi nous bornons-nous à ces quelques citations qui sont un triomphe complet pour l'heureux possesseur de cette merveille de l'art grec! Monument d'autant plus précieux qu'il est unique au monde, la *Muse* de Cortona, grecque aussi à l'encaustique, ne pouvant entrer en comparaison avec cette grandiose et sublime composition dont la plus belle gravure ne peut rendre un compte exact.

La foule des étrangers de toutes les nations du globe qui, chaque jour, affluent dans la belle villa du Baron de Benneval, s'en vont émerveillés, étonnés de la fraîcheur des couleurs de cette œuvre qui a dix-neuf siècles, et si longtemps enfouie sous les décombres de la villa Adriana, près Tivoli, et retrouvée dans une *Cella* du fameux Temple de Sérapys!

Aujourd'hui plus brillante que jamais, elle se présente avec tout le grandiose de ce sublime art grec dont nous n'avions jusqu'ici que de magnifiques statues, car il ne faut pas comparer ces productions des grands artistes grecs avec les fresques qui ornent nos Musées, et ne sont que de l'époque de la décadence gréco-romaine.

Ce qui augmenterait encore le précieux de ce tableau historique, c'est qu'il fût porté sur le char de triomphe d'Auguste. D'autres auteurs prétendent, du reste, que la Reine vint à Rome du temps de Jules César. Voyez entr'autres Straforelli, dans son *Dictionnaire Universel* (Milan 1878, tome 1, page 464). Un peintre de l'époque a donc pu en faire le portrait.

La villa du Baron de Benneval est aujourd'hui le but d'un vrai pèlerinage artistique. Elle remonte à 1200, époque à laquelle l'histoire nous informe qu'elle était une de ces nombreuses forteresses construites pour protéger les habitants de ces pays contre les incursions des pirates arabes. Sur cette forteresse on éleva la villa actuelle, ou mieux un château, puisque nous écrivons en français. Cette construction date de 1675, et fut restaurée, embellie en 1882, par le possesseur actuel, un français, le Baron de Benneval, grand amateur des Beaux-Arts! Les étrangers sont séduits par cette belle culture des orangers, richesse de la péninsule Sorrentine, et les fleurs qui embaument, car on dit aussi de ce ravissant séjour, la *Villa aux Roses*.

L'affabilité avec laquelle le propriétaire accueille tous ses visiteurs, les laissent ravis, enchantés, heureux sous tous les points de vue de cette intéressante et agréable excursion dans la luxuriante campagne Sorrentine, dont la réputation est universelle.

Honneur donc à ce français qui sait ainsi relever et augmenter, si cela était possible, les gloires de notre belle et grande Italie.

Ici nous devrions terminer notre article sur le magnifique livre de Sir John Sartain, sur la *Cléopâtre*, et aussi sur la villa de Benneval où elle réside à présent, mais il nous reste à remercier Sir John Sartain, notre noble et précieux ami, qui a bien voulu nous faire l'hommage de sa splendide publication, ornée par lui de si nombreux dessins, mais aussi de la communication des trois clichés qui nous servent à offrir au public la *Cléopâtre*, le Temple de Sérapys où elle fût trouvée et la villa du Baron de Benneval, le lieu actuel de sa résidence... actuel, disons-nous, car nous autres italiens nous sommes menacés de la voir partir pour de lointains pays.

Cette dernière et pénible réflexion nous en amène une autre.

La voici : Depuis quelque temps les journaux de presque tous les pays se préoccupent de la valeur, non plus artistique, mais pécuniaire, de ce chef-d'œuvre, unique en son genre!!

Le premier qui a lancé un article sur ce délicat sujet fût le *Berliner Tagblatt*, de Berlin, qui a parlé de 600,000 marks (750,000 fr.) que la Direction de l'Académie Impériale et Royale de la capitale de l'Empire allemand aurait fait offrir au Baron de Benneval.

Ensuite, il en fût question dans un journal de Paris, le *Matin*, puis à Londres dans le *Daily Telegraph;* après vint le *New-York Evening, Mail Espress; — The Philadelphia Press Monday*, et tant d'autres qu'il nous parait inutile de citer.

Or, suivant notre modeste jugement de publiciste, cela nous semble étrangement être un ballon d'essai, car il y a deux ans la Direction des Musées Impériaux de Berlin a payé un portrait d'Albert Dürer deux millions de marks... (le mark vaut 1 fr. 25), l'Académie Royale des Beaux-Arts de Londres a acheté pour 1,800,000 francs un Raphaël, et tout dernièrement le Duc d'Aumale, à la vente du Comte Dudley a payé 675,000 francs un autre Raphaël... ce sont des chiffres historiques.

Si nous passons l'Atlantique, nous voyons à New-York les sommes fantastiques de la vente Morgan!!!

Un tableau du jeune peintre (vivant) parisien, Berthon (peintre de nature), est payé 240,000 francs. — Un autre de Wiberg 18,000 dollars (le dollar équivaut à 5 francs). — Un autre américain, M. Vanamaker, devenu millionnaire comme tailleur, vient d'acheter du peintre hongrois, jeune et très vivant, Monkaksy, ses deux tableaux : le *Christ devant Pilate* et le *Christ au tombeau*, pour la somme de 1,000,000 de francs, soit 500,000 francs chaque. Prix véritablement fantastique pour des œuvres d'un peintre très moderne et à peine connu en Europe, il y a peu d'années encore.

Nous avons également un richissime anglais, Sir Guiness, qui vient aussi, en 1888, d'acquérir deux Rembrandt au prix de un million 250,000 francs, soit 625,000 francs chaque. L'un de ces tableaux représente le *Maître sa palette à la main*, l'autre un *Portrait de femme*.

Que diront messieurs les allemands en face de pareils chiffres? Sur quelle base se fixent-ils pour tarifer la *Cléopâtre* qui a dix-neuf siècles d'existence?

Nous ne critiquons point, tant s'en faut, bien au contraire. Ces chiffres nous serviront plus tard!

Le milliardaire défunt banquier Wanderbilt a payé 250,000 francs

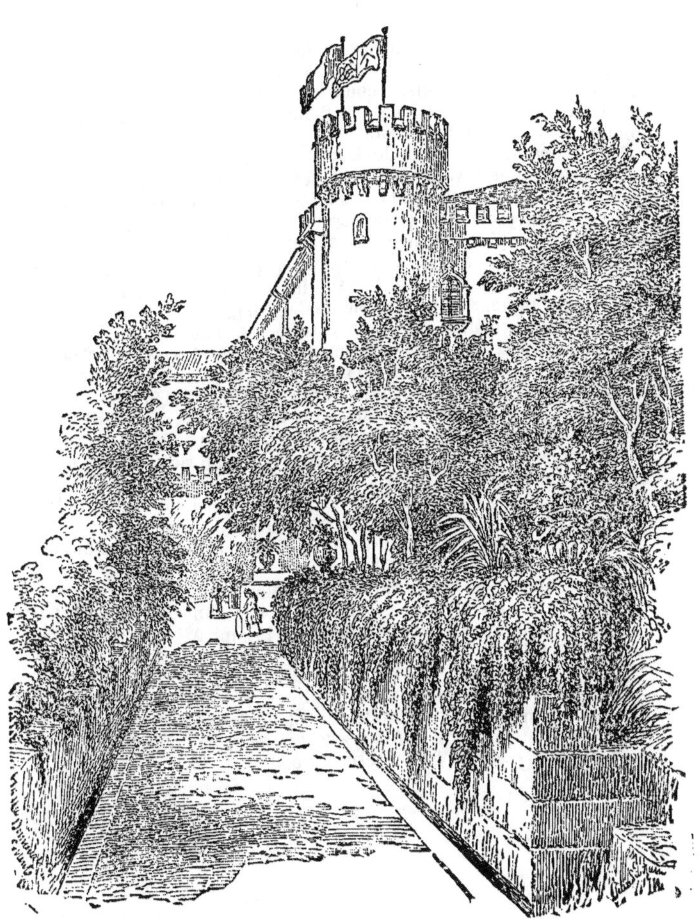

VILLA DU BARON DE BENNEVAL, PIANO DI SORRENTO, ITALIE
FORTERESSE EN 1200. — RECONSTRUITE EN 1675. — RESTAURÉE EN 1881

un tableau du peintre (très parisien et fort bien vivant aussi), Meissonnier.

Nous pourrions multiplier nos exemples. Comment les Allemands ont-ils pu côter la *Cléopâtre* à 600,000 marks?... Telle est la question que nous, simple publiciste, nous nous adressons dans notre naïve ignorance de cette étrange et fantastique spéculation que l'on nomme une galerie de tableaux?

La *Cléopâtre* du Baron de Benneval, est, suivant l'aveu et les écrits des grands savants archéologues, une œuvre unique au monde, un tableau qui compte dix-neuf siècles de glorieux passé!! Elle est l'œuvre, évidemment, et je me permets de relever cette opinion dans la publication pincipalement du grand savant allemand docteur R. Schoëner, œuvre, dis-je, d'un des grands peintres du temps d'Auguste, qui possédait encore les sublimes traditions d'Apelle, donc œuvre hors ligne, admirable, inouïe de fraîcheur et de conservation, et que les incrédules préfèrent attribuer à notre divin Raphaël, plutôt que de consentir à l'opinion des archéologues, c'est-à-dire qu'elle est peinture grecque à l'encaustique!! Et messieurs les allemands lancent de gaieté de cœur, ce chiffre de 600,000 marcks, 750,000 francs, tandis que peu avant ils payaient deux millions de marcks un portrait d'Albert Dürer!!! Mystère!!!

Ceci nous a frappé! Nous ne sommes point en position de traiter ce sujet des plus délicats, ni autorisé, attendu que le Baron de Benneval n'a jamais, au moins nous le croyons, formulé ses intentions au sujet de la vente de son trésor, unique au monde.

Il ne peut nous convenir, même de l'interpeller sur ce qui le regarde trop personnellement.

Notre délicatesse nous commande la plus entière réserve.

Cependant, il nous semble curieux que le ballon d'essai soit parti précisément de Berlin, de la capitale de l'Empire Germanique nouveau!!! Mystère!!!

Attendons l'avenir pour juger les faits.

Simple publiciste, nous avons voulu en publiant ces lignes, faire connaître à nos nombreux amis la splendide publication du grand américain, et le trésor que possède un français, qui est de cœur, ami de notre grande et glorieuse Italie.

Naples, 1888.

Comte Berni-Canani.
Publiciste et antiquaire.

II

UNE APPRÉCIATION

Le célèbre Colonel Novi, antiquaire, vice-président de l'Académie des Beaux-Arts, section antiquités, de Naples, dans une note après une visite à la *Cléopâtre* du Baron de Benneval, écrit ceci :

« Nous sommes étrangement surpris des allégations de M. le Baron Héron de Villefosse, directeur au Musée du Louvre de Paris.

« Reconnaissant son immense compétence dans ses travaux sur les inscriptions latines, et acceptant volontiers qu'il se récuse au point de vue de l'antique art de la peinture grecque à l'encaustique, nous relèverons quelques erreurs dans ses lettres écrites au Baron de Benneval, après la visite qu'il fit à la *Cléopâtre* sur l'ordre du Ministère Français.

« Evidemment il n'a pas connu les travaux, ni la vie artistique de Léonard da Vinci, ni de Raphaël, et leurs élèves. Il nous permettra de le prier de lire Vasari, magnifique publication, à laquelle, du reste, il s'est fait de nombreuses adjonctions et il sera persuadé que ces peintres n'ont jamais travaillé à l'encaustique.

« Je le prie de relire l'ouvrage du moine Théophile sur la peinture à l'encaustique, manière entièrement perdue vers la fin du IIIme siècle de l'ère chrétienne.

« En outre de cela, il est nécessaire de consulter la dernière édition de l'Encyclopédie Populaire aux paroles *Cléopâtre* et *Naja*.

« Il y a évidemment une grave erreur dans la traduction de la parole grecque du serpent que tient Cléopâtre dans sa main pour se donner la mort. Ce n'est point un *aspic*. La peau de ce reptile est verdâtre, moucheté de jaune, et n'est autre que le serpent africain, connu des naturalistes sous le nom de *Naja*, parfaitement inconnu en Europe.

« Il en existe quelques-uns, conservés au Musée de l'Université de Naples et qui ont été rapportés de l'Egypte par le célèbre voyageur professeur Panceri.

« Comment donc, en tous cas, Léonard da Vinci, Raphaël ou leurs contemporains de l'époque de la Renaissance eussent-ils pu peindre un serpent parfaitement inconnu en Europe? C'est là ce qui, à notre humble avis, confond tous les savants qui niant l'antiquité grecque de cet encaustique, l'attribue à un peintre de la Renaissance ou... même, ce qui est pire encore à quelque artiste inconnu du XVIIIme siècle.

« La critique est aisée, mais au moins faut-il qu'elle s'appuie sur le sens commun et sur des documents sérieux.

« J'ai fait moi-même des fouilles dans une de mes propriétés au pied du Vésuve à peu de distance des ruines de Pompeï et j'ai retrouvé le pavement d'une antique villa romaine, recouvert d'une peinture à l'encaustique avec décoratifs tout à fait greco-romains.

« Cette encaustique est aussi sur ardoise, mais n'a rien qui puisse égaler la magnificence du coloris et le grandiose du dessin de la *Cléopâtre*, du Baron de Benneval.

« Evidemment elle est de la même époque que les fresques trouvées à Pompeï. C'est là de l'art décoratif et rien autre et encore à l'époque complète de la décadence.

« Qui parcourt Pompeï, Herculanum et les riches collections du Musée de Naples et vient ensuite voir la *Cléopâtre*, du Baron de Benneval, sera entièrement de mon avis.

« Elle est d'un grand artiste, tandis que tout ce que nous possédons ne peut être classé que dans l'art purement et simplement décoratif et de peintres des plus inférieurs.

« Quant au type de la *Cléopâtre*, il n'y a rien de précisément grec, et c'est ce qui indiquerait que l'artiste a dû réellement connaître cette Reine, de race Egyptienne. En tout cas ce qui surprend c'est la conservation des teintes et la délicatesse extrême du pinceau ou du procédé antique de l'amalgame de couleurs par la petite pelle rougie au feu. Les chairs sont merveilleuses et feront l'admiration de tout véritable connaisseur.

Naples, 28 octobre 1881.

« Colombo Giuseppe Novi,

« de l'Académie des Beaux-Arts et antiquités de Naples. »

(Extrait de ' Allgemeine Zeitung ' N° 308, journal publié à Munich, 6/11/85)

III

NOTICES D'ART

Nous sommes en possession d'un exemplaire de la publication, parue récemment à Philadelphie, sur le portrait de *Cléopâtre*, que possède M. le Baron de Benneval, à Piano di Sorrento. L'éminent graveur et connaisseur d'art, M. John Sartain, président et membre honoraire de beaucoup d'Instituts d'Arts en Amérique et en Europe, a reproduit dans cette brochure plusieurs publications concernant le portrait de *Cléopâtre*, entr'autres les articles écrits par notre très estimé collaborateur M. le docteur Reinhold Schœner, à Rome, et publiés dans les numéros 227, 228, 229 et 230 du supplément littéraire et artistique de l'*Allgemeine Zeitung* de 1882, articles qui ont été jugés très favorablement et avec une pleine adhésion par M. John Sartain, qui a fourni le livre, très élégamment relié et rempli d'un grand nombre d'illustrations.

La gravure du frontispice représente le portrait de *Cléopâtre* et est un produit parfaitement réussi du burin de l'artiste qui touche les quatre-vingts ans et qui a exécuté ce chef-d'œuvre exprès pour la publication sus-nommée.

Pour les touristes anglais et américains, la villa du Baron de Benneval, cachée dans les environs de Sorrento est devenue, à cause de cette publication, un but de voyage très recherché. Comme nous l'apprenons, le propriétaire de cette œuvre d'art a reçu par l'envo du livre, des lettres de remerciement pleines de gratitude et d'admiration d'un grand nombre de personnages princiers, de directeurs de galeries et de sommités de la science.

Les articles de M. le docteur R. Schœner dans l'*Allgemeine Zeintung* et la publication de M. Sartain ont trouvé — comme le prouve aussi le numéro du 10 octobre de l'*Illustration* de Paris — un entier assentiment même en France et auprès des autorités comme Jules Comte La persuasion de l'origine antique du tableau a gagné de nouveau plus de terrain.

(Extrait du journal allemand 'Berliner Tageblatt' Berlin N° 492, XIV Jahrgang)

IV

PORTRAIT AUTHENTIQUE

On vient d'offrir en vente à la Direction générale du Musée royal un ouvrage d'art d'un grand intérêt archéologique et d'une antiquité extraordinaire. C'est un portrait de *Cléopâtre*, qui provient de la villa Adriana, à l'encaustique, peint à la cire fondue et qui a dû être fait du temps de l'Empereur Auguste, et on le tient pour un portrait authentique de la voluptueuse et belle Reine d'Egypte. D'après la tradition historique, Octavien, après avoir vaincu Marc Antoine et la flotte Egyptienne près d'Actium, ordonna de faire un portrait de la Reine d'après son cadavre. Puisque le suicide de Cléopâtre fit avorter son dessein de la mener avec son cortège triomphal, elle dut le suivre au moins en effigie.

En effet, ce portrait a servi aussi à la glorification du cortège triomphal. Il a été conservé dans un des châteaux des César à Rome, et peut-être est-il aussi celui dont Auguste doit avoir fait présent au Temple de Vénus à Rome. Il est peint sur une ardoise; il a 79 centimètres de hauteur et 57 centimètres de largeur. La Reine est représentée à demi-figure, avec la couronne dentelée des Ptolémée. La robe de pourpre laisse nu le bras orné d'un bracelet et la partie gauche de la poitrine, et dans cet endroit-ci la belle femme tient le serpent vert, tacheté de jaune, qui, ainsi que le montre la morsure, l'a déjà piquée au sein et il s'enroule sous le bras de Cléopâtre, des lèvres de laquelle jaillit une goutte de sang. Ses traits beaux, idéals sont réguliers. Le tableau est en seize morceaux joints, que l'on trouva dans les ruines du Temple de Sérapys.

On l'offrit en vente au Grand Duc de Toscane pour le Musée Florentin, et comme l'affaire échoua, on l'offrit à Napoléon III; la guerre franco-allemande fit tomber l'affaire dans l'eau. Pendant la guerre la peinture fut confiée au prince Czartorisky à Paris, et quand la paix fut conclue, elle fut transportée dans la villa, près de Sorrento, du Baron de Benneval, qui en est le propriétaire actuel. On a demandé à la Direction générale la somme de 600,000 marcks.

NOTE DU COMTE BERNI-CANANI

« Nous nous inscrivons en faux contre la plupart des assertions du journal de Berlin. Il y a confusion tout d'abord entre les divers possesseurs. Le Baron de Benneval n'avait pas acheté la peinture quand on dit qu'elle fut offerte au Grand Duc de Toscane ou à Napoléon III. Il est également faux qu'il ait demandé 600,000 marcks à la Direction Générale des Musées de Berlin. Cela est une pure invention allemande. En un mot un véritable piège. »

(Extrait du journal russe " Navojé Vremia " (Nouveau Temps) de St-Pétersbourg)
(Traduction libre du Russe)

V

UN TABLEAU OUBLIÉ

Parmi les personnes remarquables de l'antique époque se distinguent deux femmes. Ces deux femmes sont Hélène de Troie et Cléopâtre, la Reine d'Egypte; leur beauté attirait l'attention des poètes, des historiens et des personnes plus ou moins civilisées, en commençant par les écoliers, dont le cœur bat à la pensée des belles personnes qui ont dirigé les événements à leurs caprices, en un mot des personnes de tout âge.

Quelle fût la véritable beauté de ces deux femmes ?

Homère dit que les vieillards de Troie en regardant Hélène, n'avaient pas le courage de la blâmer, quoiqu'elle fût la cause de la guerre qui a fait le malheur de leur ville, ils se levaient involontairement quand passait devant eux cette femme; c'était le plus grand honneur qu'on pût rendre à une femme (selon l'usage grec).

Nous qui connaissons les remarquables productions de l'art antique : la *Vénus* de Milo, la *Vénus* de Médicis, la *Psyché* du Musée napolitain, les *Femmes grecques* — statues admirées dans le Musée Britannique — nous pouvons à l'aide de l'imagination nous former une idée de la beauté et du type d'Hélène.

Quant à la Cléopâtre? De sa beauté nous n'en savons rien; mais si ce n'étaient pas les vieillards de son temps qui lui rendaient hommage, deux personnages fort illustres, César et Antoine, étaient à un tel point amoureux d'elle qu'ils oublièrent tout et agirent contre les intérêts de leur patrie.

Moi, comme bien d'autres, qui rêve à voir la beauté vantée par l'univers, je brûlais du désir ardent de pouvoir un jour réaliser mes rêves. C'est donc avec une joie immense qu'il m'a été permis d'admirer le portrait d'une de ces beautés, le véritable portrait de *Cléopâtre* qui se trouve en Italie et qui par certaines combinaisons est encore bien peu connu.

Mon intention est de faire remarquer au public russe et a bien des personnes qui voyagent avec l'intention de voir les salles et les galeries des Musées indiquées dans leur guide, qu'ils ne perdront rien en visitant la villa du Baron de Benneval qui se trouve à Piano di Sorrento. Le Baron est fort sympathique autant qu'aimable, c'est un français habitant l'Italie. L'entrée est ouverte à chacun. Le Baron possède le tableau, qui est l'*unique et grandiose production de la peinture à l'encaustique grecque* qui fût trouvée jusqu'ici, et ensuite c'est le portrait remarquable d'une personne historique. Il ne ressemble nullement aux portraits que nous voyons sur les médailles oùles figures sont ordinairement de travers. Il est précieux parce qu'il a été reconnu grec authentique par les professeurs et antiquaires véritablement connaisseurs.

Il y a bien aussi la fameuse *Muse* de Cortona, petite ville de Toscane, mais nous en reparlerons plus tard. Procédons par ordre: Pour qu'on n'ait aucun doute il faut faire savoir toutes les circonstances qui nous prouvent que le peintre qui a fait ce portrait de *Cléopâtre* est grec. Les preuves sont la manière technique de la peinture de l'ardoise sur laquelle est peint le portrait, l'endroit où il a été rétrouvé, le témoignage de personnes qui sont incapables de tromper et d'induire le public en erreur.

Le spectateur indifférent pour l'art et le comprenant peu, mais cependant s'attendant à voir dans la peinture grecque quelque chose d'extraordinaire, de surnaturel même, se trouvant en présence de ce portrait libre à l'air, au premier abord ne se distinguant en rien des autres portraits, commence involontairement à douter s'il est nécessaire de s'enthousiasmer en regardant ce tableau, surtout parce que cette fois l'enthousiasme n'est pas souligné dans son petit livre de description. Mais tout à coup ce sentiment se change en admiration en voyant la célèbre beauté qui ne ressemble nullement à celle que chacun de nous s'imaginait, s'attendant à la retrouver comme l'a peinte Guido Reni et bien d'autres, à leur fantaisie.

Chers lecteurs, veuillez donc me permettre de vous narrer l'impression que m'a fait la belle égyptienne en admirant la splendide *Cléopâtre* qui se trouve en possession du Baron de Benneval. Elle est véritablement belle et a le type grec comme il doit avoir été décrit dans l'histoire.

Le portrait est peint sur une ardoise d'une nuance grisâtre au moyen d'une composition inconnue de notre temps où toute la peinture est faite à l'huile, tandis que les peintres grecs employaient l'encaustique à la cire, composition qui a servi à peindre ce portrait. Pline le Jeune fait la description de cette maniere de peindre (Lib. 35, cap. V-VII). Les curieux peuvent avoir des renseignements dans le livre indiqué et comment au moyen d'une pelle rougie passée sur le vernis de la cire et du mastic, ils mélangeaient leurs couleurs et ainsi les peintres grecs donnaient un certain brillant à leur coloris et une longue durée aux couleurs; ce système de la peinture fait paraître le tableau comme un émail.

Ce système fût très répandu chez les grecs. Mais Pline le Jeune (Lib. 35, cap. III) remarquait que déjà à leur époque il n'était employé seulement que pour peinture murale, tandis qu'avant on peignait ainsi tous les tableaux. A l'époque de Pline, sous le règne de Vespasien en, l'an 70 de notre ère, la peinture n'était plus de mode. La Société romaine qui était toujours peu recherchée dans ses instincts pour l'art en, comparaison des grecs, préférait la mode des statues de marbres, ornées d'or et d'argent. Les richards romains même ne voulaient pas laisser leurs portraits, mais simplement ornaient leurs maisons avec des statues dorées et argentées à leurs goûts.

Voilà comment on peut s'expliquer l'absence des fresques antiques qui aient une véritable signification artistique, ainsi qu'on le remarque à Pompeï, à Rome dans le palais des Césars en général en Italie. L'absence du mérite artistique des fresques pompéïennes peut aussi s'expliquer par ce que Pompeï était une petite ville du genre de nos petits pays qui se trouvent en voisinage de nos capitales.

Les palais des César, qui sans doute furent ornés des meilleures peintures et enfin la susnommée *Muse* de Cortona, nous donnerait à tort l'occasion de penser que les mérites de la peinture grecque des Apelle, Polignotos, Parrhasius, Mélanton, Timomakos et d'autres célébrités de l'Iliade furent exagérées bien que la vanité des grecs nous est connue, et nous aménerait à considérer comme des fables les récits des anciens, d'une telle perfection de la peinture grecque qu'elle trompait non seulement les hommes, mais aussi les animaux.

Un célèbre peintre Zeuxis s'est trompé en voyant une toile représentée sur un tableau. Il en fut tout étonné quoique cet ouvrage fut exécuté par son rival Parrhasius. On dit encore que les oiseaux venaient pour manger les fruits peints par Zeuxis !!!

Les sommes d'argent qu'on payait aux célèbres peintres étaient énormes ainsi que nous l'apprirent Cicéron et Pline. Timomakos, élève d'Apelle qui vivait pendant le temps de César Auguste, a reçu de César pour deux tableaux qui représentaient *Ajax* et *Médée* 250,000 sesterces pour chacun. Marc Agrippa acheta chez Cicisenius sa *Vénus* pour 12,000 sesterces. Les tableaux d'Apelle, Exion, Melanthion, Timomakos qui se trouvaient à Rome étaient de la même valeur que toutes les richesses de la ville, selon les paroles de Pline.

On peut croire cela exagéré, car jusqu'ici nous n'aurions pas parmi nos tableaux un point de comparaison de la peinture grecque. Il est certain que les célèbres peintres grecs ne possédaient pas les ressources de l'art que nous avons aujourd'hui, cette opinion que j'émets peut paraître plus ou moins juste, comme tout ce qui a trait aux savants anciens.

Jusqu'à notre temps les grands musiciens allemands nous affirmaient que les grecs ne connaissaient pas l'harmonie, que leurs pièces instrumentales et d'orchestre étaient toujours écrites en octave ou en unisson; maintenant Gevort, le directeur du Conservatoire de Bruxelles, bon musicien et philologue, dans son *Histoire de la musique d'antiquité* nous prouve tout le contraire. Du moment que les grecs connaissaient le secret de l'harmonie, il est probable que l'opinion qui règne maintenant à propos de l'imperfection de la peinture antique peut aussi changer. Il y a peu de temps encore nous ignorions bien des détails concernant l'art grec, par exemple que les statues et les monuments furent coloriés, etc.

Le tableau appartenant au Baron de Benneval représente *Cléopâtre* en grandeur naturelle jusqu'à la ceinture, dans le moment où le serpent vient de lui mordre le sein. La poitrine est a demi découverte, on voit quelques gouttes de sang sortir de la plaie. Le serpent s'est entortillé autour de la main gauche de la Reine. L'expression du visage est tranquille sauf la bouche à demi ouverte, et l'on voit la langue serrée par les dents, des larmes qui veulent jaillir des yeux signe d'une ferme décision et d'une grande énergie; la tête de *Cléopâtre* est ornée de la couronne des Ptolomée, comme nous le voyons sur toutes les médailles; à la main droite il y a des ornements en or semblables à ceux grecs retrouvés par un allemand Shliman; les cheveux sont couverts de poudre d'or et les bouts des nattes sont noués sur le cou. La forme de cette coiffure ne ressemble en rien aux coiffures modernes, c'est plutôt le genre des coiffures du temps de la Renaissance, sauf le nœud en avant qui caractérise l'époque à laquelle remonte ce tableau. Le manteau de pourpre est noué caractéristiquement sur ses épaules.

Le portrait s'est conservé admirablement. Cette manière de peindre des artistes grecs était parfaite, car nous voyons leurs œuvres intactes à notre époque. L'exécution du tableau est si parfaite que les grands connaisseurs ont un moment hésité à le croire de la peinture grecque et se risquaient à l'attribuer à Leonardo da Vinci ou à un des grands peintres de l'époque de la Renaissance. Mais toutes les œuvres de Leonardo da Vinci ainsi que des grands artistes de l'époque de la Renaissance sont décrites avec beaucoup de détails par Vasari dans ses célèbres biographies. Il ne dit nullement que le portrait de *Cléopâtre* fût fait par quelqu'un des grands peintres de la Renaissance et surtout sur ardoise, et sans les pinceaux, ce qui fût prouvé après avoir fait une analyse chimique des couleurs du tableau, en 1822, par un chimiste de la Toscane, Cosimo Rodolfi et approuvé ensuite par le célèbre Liebig de Munich. Du reste la manière dont peignaient les grecs n'est plus usitée depuis au moins 1500 ans et si quelqu'un avait découvert ce procédé de peinture, probablement il l'eût communiqué à ses confrères parce qu'elle donnait une immense valeur aux fresques, tandis que de cette manière de peindre personne des écrivains de la fin du XVe et XVIe siècles n'en parle.

Mais je crois qu'il est temps de vous communiquer l'histoire de ce tableau.

Il fut retrouvé en 1818 dans la villa de l'Empereur Adrien qui se trouve non loin de Tivoli, près Rome, encastré dans une Cella du Temple de Sérapys, qui se trouvait dans la villa. Il était brisé en seize morceaux. Il faut remarquer que dans cette grande villa l'Empereur Adrien, outre les copies de différents monuments qui attirèrent son attention pendant son voyage dans l'empire, avait rassemblé certains tableaux qu'il avait pris à Rome et en partie dans les provinces. Dans cette villa se trouvaient une masse de chefs-d'œuvre qui ont péri avec la chute de l'Empire au moyen âge, lorsque les barbares brûlaient les statues. Quoique ce fût une triste période pour l'Empire et la résidence des Empereurs il fut retrouvé dans les XVIe et XVIIe siècles bien des choses remarquables, parmi lesquelles la célèbre *Vénus* de Médicis qui est à Florence, et là aussi fût retrouvée *Cléopâtre*. Il faut croire qu'en 1818 on ne surveillait pas trop les antiquités à Rome.

Il y a peu de temps encore un de nos bons amis faisant des fouilles en touriste et creusant la terre dans les ruines de Caracle a retrouvé, presque sur la surface de la terre, une jolie tête de femme un peu plus petite que la grandeur naturelle. (Il faut dire qu'au XVIe siècle on a retrouvé l'hercule *Farnese*, la *Vénus* Calipige, *Flora*, et dans le XVIIe siècle des dizaines de statues et au même endroit). Cette tête fût emportée sans gène de la place, quoique ceci se soit passé en 1872, dans les ruines appartenant au gouvernement italien et non aux papes insoucieux !

Donc celui qui a trouvé *Cléopâtre* pouvait facilement la vendre à Florence à un antiquaire renommé Luigi Micheli. Micheli a chargé quelques personnes compétentes de faire une analyse chimique et des recherches concernant le tableau retrouvé ; tous ces documents furent publiés dans un journal Florentin, en 1822, dans le mois d'août. (Liv. 7 no XX). L'antiquaire voulut la vendre au Grand Duc ; on ne sait si ce fut le manque d'argent ou quelques autres circonstances, mais le tableau ne fût pas acheté. Les affaires de Micheli se sont dérangées ; presque toute sa collection passa dans les mains des juifs usuriers. Micheli mourût, et comme il avait laissé une fille en bas âge, lorsque celle-ci eût 21 ans, le tableau fût vendu pour 50,000 francs, puis enfin au Baron de Benneval, dans les mains duquel il se trouve depuis vingt ans. Le baron de Benneval est grand amateur des Beaux-Arts et connaisseur des antiquités étrangères.

On a attribué ce tableau à Leonardo da Vinci. Si même ce portrait fût peint par Leonardo da Vinci sa valeur artistique et matérielle serait très grande, et pour *Cléopâtre* serait un grand honneur ! Mais le tableau fût trouvé dans la villa d'Adrien !! Supposons que Leonardo da Vinci ou Raphaël ou quelqu'un des peintres du temps de la Renaissance, eût peint ce tableau à l'encaustique, pourquoi le cacher dans les ruines de la villa de l'Empereur Adrien ? Ceci n'a pas de sens, car dans toute l'histoire nous connaissons seulement un pareil exemple qui fût de courte durée, c'est l'histoire du *Cupidon* caché par Michel-Ange !

Revenons à notre récit : Plutarque raconte que le célèbre peintre grec Timomakos, élève d'Apelle, plus tard ami d'Auguste, a peint le portrait de Cléopâtre, lorsqu'elle fût en Grèce pour séduire Antoine. Lorsque Auguste eût vaincu à la bataille d'Axium son rival, Cléopâtre devint sa prisonnière, et, selon l'usage romain, il voulut la faire enchaîner et exigeait qu'elle précédât son char de triomphe à Rome. Cléopâtre préféra la mort à une telle honte. Elle s'enferma avec sa favorite dans son tombeau, où elles furent trouvées plus tard, Cléopâtre dans son habit royal, morte et sa favorite mourante, étendue à ses pieds. Dans la main de la Reine se trouvait encore le serpent qui lui avait donné la morsure mortelle. Auguste, troublé de cette sinistre nouvelle voulut avoir sa satisfaction, et donna ordre à son peintre favori, Timomakos, dont on connaît les tableaux représentant *Ajax, Médée, Oreste, Iphygénie*, la *Gorgone*, qui se trouvaient déjà dans ses galeries, de peindre le portrait de Cléopâtre dans l'action de se donner la mort. Comme Timomakos avait peint le portrait de *Cléopâtre* pendant son voyage en Grèce, il lui fût facile de faire cette peinture qui, dit-on, précéda le char d'Auguste pendant son triomphe à Rome ; ensuite Auguste le plaça dans le Temple de Saturne, où ordinairement se trouvaient tous les trésors de l'Empire ; de là il fût transporté par l'Empereur Adrien, dans sa villa bâtie par lui, près de Tivoli, où on le retrouva en 1818. C'est donc le seul spécimen grec, parvenu jusqu'à nous, sauf un tableau reconnu antique grec, c'est la *Muse* de Cortona ainsi nommée parce qu'elle se trouve dans le Musée de cette ville.

Quant à la valeur de cette deuxième peinture, il m'est difficile de me prononcer n'étant pas très compétent en cette matière ; mais cette *Muse* est peinte sur ardoise, et aussi à l'encaustique. La physionomie n'a rien de grec, le type serait plutôt toscan ; mais elle est demi-nue comme la *Cléopâtre*.

L'histoire de cette *Muse* est très intéressante. Elle fut trouvée par un paysan qui travaillait dans son champ. Il la crût une image de la Madone ; son désenchantement fût grand lorsque le prêtre, étant appelé pour confesser sa femme mourante, l'eût vue ! Quelle est cette

Madone, dit le prêtre ? le diable même est entré dans ta maison, car tu l'adores, voilà pourquoi ta femme se meurt ! Alors le paysan la plaça devant son four pour se venger de son erreur et de la mort de sa femme. Elle fût depuis achetée par la Municipalité de Cortona, car le feu ne détoriora pas les couleurs.

On dit que le Musée de Kinsington de Londres a proposé à la ville 100,000 lires, mais c'était trop tard !! Si les archéologues reconnaissent que cette *Muse* est de la peinture grecque, alors ils peuvent sans doute reconnaître aussi que le portrait de *Cléopâtre* est grec, car la manière et les matériaux employés pour peindre la Cléopâtre sont les mêmes. Mais, laissant les archéologues de côté, il me semble que l'unique preuve sérieuse est qu'elle fût trouvée dans la villa d'Adrien. On ne peut donc plus douter qu'elle fût peinte par un célèbre peintre grec, car la manière dont est faite cette peinture nous la trouvons dans Pline le Jeune et Plutarque. Mais il faut voir ce chef-d'œuvre. Evidemment c'est une œuvre d'art qui n'a pas de prix comme historique, et sa place doit être absolument dans les Musées d'une grande ville et non chez une personne particulière, dans une petite ville de province !

Il est bien facile de croire que le portrait de *Cléopâtre* fût pris avec le consentement du gouvernement des Papes et non en cachette du gouvernement romain ; pour cela il faut se donner la peine de lire dans la *Gazette Officielle* romaine de 1818, où l'on trouvera des détails sur la découverte de cette peinture, et en Toscane dans le journal l'*Antologia* (1822). Quant au silence gardé sur cette œuvre d'art qui fût, paraît-il, portée à Paris en 1864, ceci regarde le nouveau propriétaire qui paraît fort peu disposé à aimer la réclame.

On a même dit que Napoléon III voulut acheter cette peinture, mais que la guerre empêcha de donner suite à ce désir. Quant au gouvernement de la République il avait trop à faire en ces premières années pour rétablir ses finances, il ne songea pas à faire des achats d'objets d'art aussi précieux.

Même maintenant que le budget français se remet des terribles secousses, il lui est difficile de disposer des sommes importantes pour l'achat d'une peinture qui ne peut qu'atteindre un prix très élevé. Ceci explique pourquoi ce tableau si précieux est oublié à Piano di Sorrento, comme resta si longtemps ignoré, le fameux tableau du Pérugino, dont Raphaël fit une copie célèbre, et qui se trouve actuellement dans la Brera de Milan.

Ce tableau fût autrefois au Louvre à Paris, parmi ceux transportés d'Italie par les français, pendant la première République. Mais ce tableau ne satisfaisant pas le goût révolutionnaire, il fut reporté dans la ville de Pavie. On ignorait complètement le fait, sans les publications que firent les historiens Patramos et Lougini. On cherchait en vain ce tableau qui se trouvait tranquillement pendu à un mur dans la ville de Cena... (?)

Il est curieux de penser que voici le second étranger trouvant en Italie un trésor de peinture. Nous avions déjà sir Maurice Moore, avec son tableau ATTRIBUÉ à Raphaël, que j'ai vu à Rome représentant *Appolon* et *Marsyas*, et cette fois, c'est la *Cléopâtre* du Baron de Benneval, dont on ne peut discuter l'antiquité.

Je ne me pose pas en connaisseur, et ne puis me prononcer sur une œuvre d'art de la valeur de la *Cléopâtre*. Mon but est donc seulement d'attirer l'attention des archéologues et savants sur une peinture qui mérite tout au moins la visite des historiens ou amateurs russes qui, par bonheur, se rendront à Naples. Il leur sera bien facile de se rendre à Piano di Sorrento, car qui ne visite pas Sorrento ! ! ! et qui n'ira pas voir le tableau de *Cléopâtre* se donnant la mort, et ce ravissant pays qui est la péninsule Sorrentine ?

Sorrento, 17 (29) juillet 1883.

IWANOFF,
Publiciste.

P. S. — Nous nous permettrons de faire observer à nos lecteurs que le très petit tableau *de M. Maurice Moore, dont il est question ci-dessus, représentant* APPOLON *et* MARSYAS, *a été, depuis, acheté par le Musée du Louvre pour la somme de trois cent mille francs, et classé comme* attribué *à Raphaël, ce qui est bien largement payer un minuscule panneau qui n'a jamais* rien eu d'authentique. *Ceci prouve que cette administration si parcimonieuse, parfois, sait faire de gros sacrifices au profit d'un amateur... anglais !!! Nous nous bornerons à cette seule réflexion.*

Comte BERNI CANANI.

VI

LETTRE DE JOHN SARTAIN

Traduction d'une lettre de Sir John Sartain, Esquire, peintre et graveur Anglo-Américain, servant d'Introduction a sa magnifique Publication sur la *Muse* de Cortona et la *Cléopâtre* du Baron de Benneval, peinture grecque, antique sur ardoise.

Cortona (Italie), 24 octobre 1883.

Au très estimable Sir Phillips Melville,

Très cher Monsieur,

Je vous écris ainsi que je vous l'ai promis, de l'antique cité de Cortona, située sur une montagne, et entourée encore en grande partie d'une ceinture de murs bâtis par les Etrusques, d'énormes pierres disposées l'une sur l'autre sans ciment aucun. De cette hauteur nous dominons comme

Un nido d'aquila sopra la cresta
Del purpureo Appenino.

le lac Trasimène, et la vraie plaine où Annibal et les Carthaginois vainquirent les valeureux Romains. C'est de cette terrible bataille que le petit ruisseau qui se jette dans le lac, a acquis son nom de *Sanguinetta*, ou en américain *Bloody-Gulk* (ruisseau sanguinaire).

En mettant la date de ma lettre, je me suis souvenu que ce jour-ci est l'anniversaire de mes soixante-quinze ans; mais que peut être la vie d'un homme quand on la compare à celle des Nations, avec leurs luttes et leurs révolutions. Cet endroit est des plus intéressants par les récits historiques, étant une des douze villes confédérées de l'antique Etrurie, et vous vous souviendrez aussi qu'il fût le lieu de naissance du célèbre *Pietro Berettini* (1696) mieux connu sous le nom de *Pietro di Cortona* et son souvenir explique naturellement ce qui m'a amené ici.

Je voulais examiner avec attention une antique peinture à l'encaustique conservée dans le Musée municipal. C'est la tête et le buste d'une jeune fille, avec sa figure de face, son sein droit nu et le gauche couvert en partie d'une draperie. La tête est couverte d'une guirlande qui semble de laurier, mais à peine visible à travers ses cheveux noirs. Son bras gauche tient une lire, mais on n'en voit qu'une partie, la peinture étant un seul fragment.

La vue de cet instrument de musique, la fit nommer la *Muse* Polymnie, et surnommée maintenant *Muse* de Cortona. Elle est peinte à l'encaustique et sur ardoise orientale, et est une des deux seules peintures antiques connues comme portraits, qui se distinguent comme des fresques murales.

Il est vrai qu'il existe dans la Pynacothèque de Munich un petit travail à l'encaustique sur ardoise, représentant une *Danse de Nymphes et Satyrs*, mais c'est un morceau sans valeur, tout décoratif, et appartenant à un encadrement. Cette petite ardoise fût achetée par le Roi Louis Ier de Bavière à un antiquaire de Florence.

Une peinture bien plus importante est à Sorrento, en la possession du Baron de Bonneval, et représente Cléopâtre se donnant la mort au moyen d'un serpent. C'est du même genre que la *Muse* de Cortona, à l'encaustique et sur ardoise orientale.

Toutes les deux furent découvertes presqu'à la surface de la terre, une près Centoja entre Chiusi et Montepulciano, en 1851, et l'autre dans les ruines de la villa Adriana, près Rome, en 1818. La dernière était en seize morceaux, mais complète. La *Muse* est en un morceau, mais devait faire évidemment partie d'un ensemble de peinture. Elle n'a que 40 centimètres de hauteur sur 35 de largeur.

La découverte de la *Muse* de Cortona fût accidentelle, en voici l'histoire.

Un cultivateur pendant qu'il labourait son champ à trois milles de distance de la ville, un kilomètre environ, souleva de terre un morceau d'ardoise, qui, après examen en voyant la peinture, et l'avoir bien nettoyée, lui sembla représenter la vierge Marie, et alors, suivant l'usage italien, il la mit contre un mur de sa maison, et maintint une lampe allumée, nuit et jour. Après quelques temps sa femme tomba malade, et près de mourir appela un prêtre pour lui donner le sacrement de l'extrême-onction. Ce curé en voyant la peinture demanda pourquoi on révèrait une chose entièrement païenne. Le mari répondit naïvement qu'il croyait vénérer l'image de la Madone. Le prêtre lui déclara que c'était une vulgaire peinture païenne et qu'il devait s'en défaire au plus tôt. Le fermier, furieux, décida alors de l'envoyer au purgatoire, et s'en servit pour boucher son four. Combien de temps resta-t-elle ainsi exposée au feu, je l'ignore, mais un jour elle fût sauvée par la Municipalité de Cortona qui l'acheta à vil prix pour son Musée, et pût ainsi conserver un objet antique des plus précieux.

Puisqu'on ne remarque aucune trace de détérioration après avoir ainsi été exposée au feu d'un four, c'est que probablement cela provient d'un des procédés nécessaires pour sa première production. Mais pour conserver et sauver de semblables objets du risque de se perdre, il faut qu'il soit placé dans un lieu de dépôt de quelque gouvernement, c'est ce qui est heureusement arrivé pour cette peinture.

L'autre unique exemplaire connu de cette manière antique de peindre, a une bien plus grande importance et est placé dans la villa du Baron de Benneval à Piano di Sorrento. Il est là maintenant en de bonnes mains chez l'actuel possesseur, mais il serait plus rationnel qu'il fût lui aussi placé dans quelque collection nationale, où il serait pour toujours en sûreté. Ce tableau représente la Reine Cléopâtre qui reçoit la mort de la morsure d'un serpent. Il fût découvert par Micheli, fameux antiquaire florentin, dans la Cella du Temple de Sérapys. Au commencement on ne sût rien quant à son origine, sinon que c'était évidemment une œuvre grecque, mais depuis des recherches savantes ont pu en toute sûreté refaire son histoire.

Quand on la retrouva, elle était encastrée dans le mur, suivant l'usage des anciens et cassée en seize morceaux, qui, étant rapprochés les uns des autres, sans que rien n'y manqua, forma l'ensemble actuel. Ces morceaux furent transportés à Florence (en 1818) et soumis à la critique de l'éminent savant professeur toscan, de l'Académie royale de Pise, Jean-Baptiste Tanucci, lequel fit une étude très remarquable sur cette peinture, prouvant par de nombreuses preuves savantes et d'une profonde érudition, qu'il était entièrement convaincu de son origine grecque, et de la valeur immense de cette découverte. Ce beau travail de l'éminent professeur fût publié dans l'*Antologia de Florence* (volume VII) août 1822.

Ensuite, on soumit ce tableau au célèbre chimiste florentin, Marquis Cosimo Ridolfi, qui s'adjoignant un autre savant chimiste, Targioni Tozzetti, firent une analyse chimique pour découvrir les procédés de cette peinture antique qui ne laisse voir aucune trace de pinceau. Ces expériences remarquables et concluantes furent aussi publiées dans l'*Antologia*, en 1822. Les manuscrits originaux de ces publications ou rapports sont déposés dans les archives publiques de Florence.

Ensuite de cela, les seize morceaux furent rejoints et placés sur un mastic pour en conserver l'ensemble. La *Muse* de Cortona et la *Cléopâtre* sont toutes deux peintes sur ardoise orientale un peu de teinte grisâtre.

L'histoire de *Cléopâtre*, après sa découverte est en peu de mots celle-ci.

M. le professeur antiquaire Micheli et son frère, qui étaient associés dans leurs collections d'objets d'art anciens, cherchèrent à placer ce trésor artistique en un véritable endroit de repos, c'est-à-dire dans les Musées Florentins, au moyen d'une vente au Grand-Duc de Toscane ; mais le prix très élevé qu'ils demandèrent empêchèrent toute transaction, à une époque si voisine des convulsions politiques et des grandes guerres du premier Empire, le Grand-Duc de Toscane devant user de la plus sévère économie pendant les premières années de sa restauration.

Quelques années plus tard, les affaires des Micheli devinrent des plus embrouillées, ils durent avoir recours aux juifs. Les objets d'art furent remis entre leurs mains et les intérêts s'accumulèrent. Les deux frères vinrent à mourir. La succession échut à une jeune fille et à la fin tout se vendit.

Les vicissitudes firent passer la peinture en diverses mains et finalement fût acquise par le Baron de Benneval, qui la paya en bons deniers comptants.

Cette peinture a été présentée au public, à Londres, Paris, Rome, Munich, où elle fût remise en état par le célèbre M. Plater qui fit la restauration des 4000 vases grecs, romains de la collection du Prince de Canino, pour le Roi Louis Ier de Bavière.

L'Empereur Napoléon III chercha a en faire l'acquisition en 1869, mais tout fût interrompu par la guerre avec l'Allemagne, car la peinture arriva après la bataille de Forbach.

Durant le siège de Paris par les allemands et la Commune, la *Cléopâtre* resta confiée au Prince Czartoriski, un ami de la famille. Aussitôt la libération de Paris, la peinture fût réintégrée par le propriétaire actuel en son domaine, près Sorrento, où elle est présentement.

Je n'ai plus qu'à expliquer ce qui fût l'origine vraie de cette peinture et comment elle vint dans le lieu où on la retrouva. L'Empereur Auguste César, étant privé de sa captive par la mort de Cléopâtre, lors de son triomphe au retour de la guerre d'Egypte, la Reine s'étant soustrait par le suicide à cette humiliation, décida d'avoir au moins une représentation de la Souveraine vaincue, avec la peinture. L'histoire dit que ce tableau fût mis sur un char voisin à celui du triomphateur avec d'autres objets provenant de l'Egypte. Après, l'Empereur plaça le tableau dans le temple de *Saturne,* d'autres disent de *Vénus Vincitrix.*

Cette peinture de Sorrento fût cause de nombreuses recherches littéraires, et des auteurs prétendent qu'elle fût l'œuvre du fameux artiste bysantin Timomakos, connu comme l'auteur de deux peintures achetées par Jules César à l'énorme prix de quatre-vingt talents (300,000 livres sterling) qui étaient aussi dans le temple de *Vénus Genitrix*. Une d'elle représentait *Médée* et l'autre *Ajax*, la première non entièrement achevée.

De plus, on sait que Timomakos vit Cléopâtre lors de son voyage en Grèce, appelée par Marc Antoine, et Authon déclare cet artiste contemporain de Jules César et de la Reine d'Egypte. D'autres disent qu'il vivait avant. Peu importe en résumé, qui fût le peintre. Il est avéré qu'elle date de vingt-huit ans avant l'ère chrétienne, en s'appuyant sur la certitude qu'elle est la seule faite à cette époque et pour l'emploi, référé ci-dessus.

Cent quarante-ans environ ensuite, l'Empereur Adrien la fit transporter de Rome à l'immense villa qu'il fit construire près de Tivoli (l'antique *Tibur)* avec une infinité d'autres objets précieux. C'est ce qui explique qu'elle fût retrouvée dans les ruines du Temple égyptien dédié à Sérapys.

Tout le monde sait que les Musées nationaux d'Europe se sont enrichis des plus célèbres statues trouvées dans cette admirable villa, telle que la *Vénus de Médecis*, l'*Antinoüs* et autres travaux importants.

La *Muse* de Cortona, bien qu'une petite peinture est presque de grandeur naturelle, mais la *Cléopâtre* est complète et de vraie grandeur naturelle, quoique comme la *Muse* elle ne soit représentée que jusqu'à la ceinture, cependant elle n'est qu'à peine la moitié de la grande figure de *Cléopâtre*.

La fameuse Reine est peinte avec la couronne des Ptolémée sur la tête, avec des bijoux splendides autour, au cou, aux oreilles, et aux bras de bracelets absolument semblables à ceux trouvés par le savant allemand Schlieman, dans la tombe d'Hélène de Troie.

Une tunique rouge pliée avec un nœud sur chaque épaule, couvre son sein droit, mais le gauche est exposé à la morsure du serpent, nommé non un aspic, mais un *Naja*, petit serpent ne se trouvant qu'en Afrique. Les trois petites cicatrices indiquent où le reptile a déjà mordu, et l'on voit qu'il se prépare à renouveler de nouveau ses piqûres mortelles. L'expression de la douleur et de la souffrance est bien rendue, car la langue sort serrée convulsivement par les dents, la lèvre supérieure un peu relevée, l'inférieure languissante. Les pupilles des yeux sont soulevées jusqu'à la moitié cachées par les paupières, les larmes s'échappent, le nez tiré et plus serré sur les narrines, indiquent vigoureusement l'angoisse de l'esprit et les douleurs du corps de la Reine.

Le riche vêtement dans lequel la peinture la représente, est en corrélation avec la description de sa mort, car on sait qu'elle voulût être trouvée revêtue de ses habits royaux, et de ses bijoux pour présenter un aspect vraiment royal et c'est ainsi qu'elle fût retrouvée après sa mort.

Les grecs donnaient une grande valeur aux travaux de leurs meilleurs peintres, ainsi que vous le savez bien. Ce genre de travail à l'encaustique était fait au moyen d'un très haut degré de calorique, manière perdue depuis les temps les plus reculés. Pline décrit cette manière d'opérer des anciens peintres grecs, mais déjà de son temps cet art de peindre à l'encaustique était perdu comme souvenir des temps anciens. Le goût des peintures chez les romains était en pleine décadence, et il se plaint de ce qu'ils ne s'en préoccupaient plus. Ce n'était plus de mode ! ! ! Les fresques retrouvées à Pompéï, Herculanum sont, en général, très inférieures et simplement décoratives. Je fais, cependant, exception pour celles achetées dernièrement par le Musée Britannique, par mon ami sir Georges Richmond, B. A. de Londres.

Les œuvres de sculpture, au contraire, préférées, et dont cependant, nous pouvons juger du peu de leur valeur en les étudiant sur l'arc de triomphe de Titus. Mais la décadence dans les arts fût telle qu'une partie des sculptures de cet arc de Titus, servirent à orner celui de Constantin, qui font tâche avec les si inférieures qui ornent ce monument tout à fait de la décadence.

Ainsi que je vous l'ai dit, on a beaucoup écrit sur cette *Cléopâtre* de Sorrento. En 1879, un opuscule fût publié par le comte Berni-Canani ; en 1881, le *Nouveau Temps* de Saint-Pétersbourg contenait un long article du critique d'art, Michel Iwanoff en langue russe qui avait beaucoup étudié cette peinture pendant son séjour à Sorrento. Un autre travail fort important parut dans la *Revue des Deux Mondes*, de M. Houssaye, intitulé : « Les peintures antiques de Naples », le 1er septembre 1874, qui se plaint que ce tableau de la *Cléopâtre*, n'ait pas été acheté par un des grands Musées d'Europe.

Il semblait devoir l'attribuer à Leonardo da Vinci, mais impossible parce que cette peinture est à l'encaustique, et seulement pour affirmer la beauté de ce produit antique, et c'est ainsi qu'il donnait plus de force comme éminent écrivain à ses critiques.

Mais la plus colossale de toutes les publications et la plus sérieuse au point de vue des preuves historiques, est celle de l'*Allgemeine Zeitung* d'Augsbourg, en Bavière, août 1882 (numéros 227-228-229-230). Elle est dûe à l'éminent professeur allemand R. Schoëner. C'est un travail des plus remarquables pour sa profonde érudition et ses recherches parmi tous les auteurs anciens.

J'ai, par devers moi tous ces documents précieux, et si on publiait un livre composé d'une portion de ces écrits, dégagé de toutes les répétitions, ce serait certes une œuvre des plus intéressantes et instructives. Un semblable livre, je me propose de le faire à peine rentré chez moi, enrichi de gravures représentant les peintures et les lieux où fût retrouvé *Cléopâtre*, et deux portraits gravés sur acier de la *Muse* et de la *Cléopâtre*.

Maintenant, après une si longue lettre je ferai bien de conclure et terminer. Certainement sa longueur vous fatiguera, mais excusez ; à moi il ne me reste plus qu'à faire quelques croquis et à plier bagage.

Un d'eux sera le lac de Trasimène, avec la ville de Castiglione sur le lac, bâtie sur une langue de terre qui s'avance beaucoup dans ce beau lac. Mon croquis sera :

« D'onde Cortona al ciel solleva il suo
« Diadema di Torri. »

Après je me rendrai à Florence

« Bella città di quella terra
« Dove le più divine son la penna
« Del poeta e del pittor la mano. »

Espérant de vous avoir réveillé de votre sommeil avec ces feux d'artifice poétiques, pour le moment je vous dis au revoir.

Votre très sincère pour toujours,

JOHN SARTAIN.

(Extrait pris dans le celèbre travail du professeur Tanucci de Pise, Toscane)

VII

DISSERTATION & DESCRIPTION

Sur la peinture représentant *Cléopâtre* qui se donne la mort au moyen d'un serpent africain, tableau peint a l'encaustique par Timomakos Bysanthius, peintre grec, ayant appartenu a l'Empereur César Auguste, Dissertation et Description par le professeur toscan Tanucci, de l'Académie Royale de Pise (Toscane), Italie.

Lorsque je vis cette belle et royale figure représentée sur le schiste ardoisé, dans l'attitude de se donner la mort à l'aide d'un serpent, le visage plein d'une douleur si profonde et parlant à ce point qu'il me semblait avoir sous les yeux un objet vivant, mon âme éprouva comme une secousse. Je fus subitement pénétré de toutes les vives et diverses souffrances intérieures que l'art retraça sur la face de la Reine désespérée ; le cœur chez moi l'emporta sur la pensée, et cet effet irrésistible est toujours le résultat le plus expressif et le plus sûr de la triomphante perfection de la peinture qui se fait admirer.

Les sentiments du cœur disparaissent peu à peu en face de la satisfaction de la vue, j'ai compris tout ce qu'il y avait d'art, de pénétration d'esprit dans ce grand chef-d'œuvre, et les ornements, et le manteau, et les bracelets, et la beauté tout entière de cette royale femme, si connue par son amour des plaisirs et sa vanité, reportèrent rapidement ma pensée à dix-neuf siècles en arrière ; dans ce monde d'alors, au milieu des grands ambitieux qui s'en disputaient l'Empire, et des Beaux-Arts qui y fleurissaient avec tant d'éclat !

Qui jamais peignit si excellement, disions-nous dans la docte et peu nombreuse société qui était là à admirer le tableau, quel était cet art enchanteur ? Quand et par qui a été jamais exécuté ce chef-d'œuvre ? L'art divin d'Apelle, les beaux siècles, ces studieux et fidèles imitateurs de ce grand peintre furent bientôt dans toutes les bouches et c'est à moi, en ma qualité de quelque peu lettré, que fût accordé l'honneur de procéder à de telles investigations.

Au seul nom de cette Reine d'Egypte, belle et séduisante, orgueilleuse et superbe autant qu'était éblouissante la splendeur de ses trésors, épouse du dernier Ptolémée, aimée d'abord par Jules César, puis d'Antoine et devenue sa femme, la pensée se retrace son histoire et celle-ci est indispensable pour la direction de nos recherches ; car nous avons ici besoin, sous tous les rapports, d'une grande et précise combinaison d'époques et d'une grande et précise connaissance de la manie des Romains de l'antiquité de posséder les plus belles peintures sorties de main grecque. En l'an de Rome 706, Jules César passa en Grèce à la rencontre de Pompée, le battit à Pharsale ; puis combattant en Egypte contre Ptolémée l'Ancien, le fit mettre à mort pour avoir fait trancher la tête à Pompée, parce qu'il disputait la royauté à Cléopâtre, s'éprit pour cette princesse, la replaça sur le trône et la donna en épouse à Ptolémée le Jeune.

En 708 il se déclara Dictateur à vie à Rome, et en 710, frappé au milieu du Sénat de plusieurs coups de poignards, il expira. Octave César, son neveu par sa sœur, s'unit à Lepidus et à Antoine pour se partager en trois l'empire Romain. Cléopâtre passa alors en 714 d'Egypte en Grèce et dans l'Asie-Mineure, le royaume d'Antoine; le prit ensuite dans les filets des plaisirs et le conduisit enfin en Egypte, où il combattit pour elle et la déclara Reine de Lybie ; puis en 721, après avoir répudié Octavia, sœur d'Octave César, il donna sa main à cette femme autrefois idolâtre de Jules César et de Ptolémée le Jeune, et maintenant adorée de lui, elle le presse de la faire Reine de Rome, et dans ce but il déclare la guerre à Octave ; une grande bataille navale est livrée à la hauteur du promontoire d'Actium ; Antoine se retire, croyant Cléopâtre en fuite.

On connaît l'invasion de l'Egypte par Octave, ses tentatives infructueuses pour séduire cette Reine, qui ne trouvant plus de salut nulle part, pour échapper à la honte de servir au triomphe de son ennemi vainqueur, se donna la mort au moyen d'un serpent en l'an de Rome 724.

L'année suivante, Octave se fit proclamer Empereur, prit le nom de César Auguste et célébra à Rome par une entrée triomphale sa conquête d'Egypte. C'est dans ces diverses époques, dont aucune n'a été ici inutilement indiquée, que nous pourrons trouver qui fût le nouvel Apelle de ce tableau incomparable, dont je parle. Le chef-d'œuvre que nous lui attribuons, nous sommes peut-être forcés de le considérer comme œuvre de son pinceau plutôt que de tout autre; mais il convient de jeter d'abord un rapide coup d'œil sur le goût alors dominant à Rome, relativement au sujet qui nous occupe.

C'était précisément le temps où les richesses de Rome, dépouilles du monde entier, étaient employées par tous les grands et ambitieux citoyens à rehausser la magnificence de leurs édifices et à rassembler les meilleures statues, les meilleures peintures sorties de main grecque. Chaque siècle a vu les hommes avoir des prédilections marquées pour des choses particulières, mais dans celui-ci plus qu'en tout autre, les Romains recherchèrent et voulurent acquérir *per fas et nefas* les admirables statues et peintures qu'enfantait d'une manière heureuse le génie grec.

On a peine à croire tout ce que Cicéron rapporte des excès inouis, auxquels la passion de collectionner des vases et des peintures de grand prix conduisait les Romains pendant sa Préture en Sicile; les autres Gouverneurs ne le cédaient en rien aux citoyens dans ce genre de volerie. Plus Rome s'emplissait des meilleures peintures et sculptures grecques, plus elle les aimait, et plus elle en désirait, et plus elle en achetait et commandait à des prix élevés; c'était alors son goût le plus favori.

Marc Agrippa acheta de Cizicenius deux peintures, l'une représentant *Ajax* l'autre *Vénus*, qu'il paya 12,000 sesterces. Un tableau de Polignotos était sous le Portique de Pompéi, de Zeuxis il y avait à Rome la *Fameuse Hélène* sous les Portiques de Philippe, et *Thésée* au Capitole et dans le temple de la Concorde *Mars Legator*. Un tableau de Parrhasius représentant *Archigallus* était dans la salle Tibère. *L'enlèvement de Proserpine* œuvre de Nicomakos se voyait au Capitole dans le temple de Minerve ; son *Appolon et Diane* avec *La Mère des dieux couchée sur un lion* était dans le Temple de la Paix ; *Alexandre avec Philippe et Minerve* par Antiphilos était dans l'école des Portiques d'Octavia ; on voyait aussi *Hercule* après s'être débarrassé de sa dépouille mortelle, s'élevant du Mont Etha dans le ciel, avec l'assentiment des Dieux, et *L'Histoire de Laomédon* par Artémore. Lucullus acheta de Denys d'Athènes un tableau de Pausias, représentant *La belle Glycère vendant des guirlandes;* un autre tableau de Pausias, représentant *l'Immolation des bœufs* était sur les portiques de Pompéi.

L'Orateur Horthensius acheta un tableau de Cydias représentant les *Argonautes ;* et leur fit bâtir un Temple dans son Palais de Tusculanum. Sillanus apporta d'Asie à Rome un tableau d'Antiphilos, représentant *Némée*. Le fameux *Gyalisas* ou *Bacchus*, de Protogène dont Apelle avait dit qu'il ne lui manquait que les grâces pour le transporter au ciel était à Rome dans le Temple de la Paix. *L'Ariane avec Bacchus* par Aristide était dans le Temple de Cérès. Pline le Jeune écrivit que les tableaux d'Apelle, d'Echion, Mélantion et de Nicomakos, peintres grecs déjà auparavant très célèbres, valaient alors les richesses d'une cité entière, et Jules César, à qui je reviens pour poursuivre le but de ma dissertation, le conquérant des Gaules, pris dans la suite aux filets d'amour par Cléopâtre, homme d'un esprit cultivé et d'un noble caractère, éprouvait à Rome, plus que tout autre, cette passion des plus somptueuses peintures.

A cette époque parmi les plus célèbres peintres qui descendaient des élèves d'Apelle, vivait en Grèce Timomakos Bysanthius, artiste du plus grand talent et qu'à tant loué Pline le Jeune. Cet écrivain raconte précisément que Timomakos, pendant la dictature de César, c'est-à-dire en 708 et 709, époque indiquée par moi, lui peignit pour 800 talents deux tableaux très estimés, dans l'un desquels il représenta *Ajax* et dans l'autre *Médée* d'une façon admirable; notons qu'un talent attique en valait seize de Rome, ce qui fait que le prix de ces deux tableaux s'éleva à 12,000 monnaies d'or, les plus grandes de Rome. César dictateur s'apercevant que ces deux tableaux étaient très estimés de toute sa famille et des citoyens ne se les réserva point, mais en fit don au Temple de Vénus Genitrix où ils furent déposés, et *Médée* spécialement fit l'admiration de Rome. César fut poignardé, mais le célèbre artiste Timomakos, poursuivit en Grèce sa glorieuse carrière et produisit encore *Oreste*, *Iphigénie en Tauride*, *Lecisthion*, *maitre d'exercices du corps*, les *Pallatius*, les *Gorgones*, tableaux du plus grand mérite que Pline loue beaucoup et avec enthousiasme.

Pendant que Timomakos faisait de la peinture en Grèce, Octave neveu de Jules César défunt, s'élevait tant par la voie de la politique que par celle des armes et les faveurs de la fortune, à l'époque de sa puissance et devenait César Auguste. Pour les peintures les plus choisies il ne montra pas une passion moins royale que celle de son oncle; il fit venir à Rome du très célèbre Apelle, le tableau de *César* et de *Rollus* avec la *Victoire* et *Alexandre le Grand;* un autre tableau représentant la *Guerre personnifiée les mains liées par derrière* et *Alexandre monté sur un char;* ces deux tableaux furent déposés dans son forum. Au Temple de César l'Ancien il fit don de l'œuvre d'Apelle, *Vénus sortant de la mer.* Auguste aimait les œuvres de ce divin artiste et la netteté manifeste qu'il mettait dans toutes ses peintures.

Apelle comme le remarque Pline, sachant fort bien que trop de minutieux détails faisaient perdre au sujet de ses grâces naturelles eut le pinceau plus franc que les autres peintres, il les surpassa tous dans l'art de donner des expressions vivantes à ses figures, s'attachant principalement à l'effet. Timomakos qui peignait au temps d'Auguste imitait précisément Apelle, au dire de Pline, cherchant uniquement la vie, la vérité, en quelque sorte la parole. Auguste prisait au-dessus de toutes les œuvres d'Apelle pour les mouvements de l'âme qu'il rendait, comme naturels et vrais dans ses figures, et c'était là précisément aussi une des particularités de Timomakos.

Pline nous dit, en effet, que personne ne sut jamais mieux qu'Apelle et Timomakos peindre dans les figures les sentiments intérieurs et particulièrement les afflictions et la douleur, et que pour cela, la *Vénus* du premier et la *Médée* du second, l'une et l'autre à Rome, quoique non finies dans leurs plus petits détails, étaient l'objet d'une plus vive admiration que d'autres tableaux parfaitement finis. Auguste ne pouvait donc pas ne pas connaître et ne pas avoir en grande estime les tableaux de Timomakos.

Qui plus que tout autre pouvait brûler du désir d'avoir de la main de Timomakos un portrait de *Cléopâtre* vaincue et se donnant la mort au moyen d'un serpent si ce n'est Auguste lui-même? Ce tableau aurait rappelé ses victoires d'Actium, d'Alexandrie, sa conquête du reste de l'Egypte. Auguste, le vainqueur de Cléopâtre et d'Antoine en l'an 725 de Rome célèbra, comme je l'ai dit plus haut, la victoire d'Actium et sa conquête de l'Egypte; les Romains dans leurs fêtes triomphales faisaient marcher enchaînés au-devant de leur char les Rois vaincus et quand la chose ne se pouvait, ils mettaient à leur place leur portrait ou la statue qui les représentait. Lucius Paolus, après avoir vaincu Persée, demanda aux Athéniens un peintre pour exécuter l'ornement de son triomphe, et les Athéniens, comme le raconte Pline, lui envoyèrent Métrodore.

Auguste pour orner son char triomphal du portrait de *Cléopâtre*, à qui put-il en confier le soin de l'exécution si ce n'est à Timomakos qu'il avait en si grande estime? Et qui pouvait le faire aussi convenablement, aussi frappant que Timomakos qui avait eu l'occasion de voir, qui avait pu attentivement étudier, comme le font les peintres, les formes de cette belle Reine, lorsqu'elle vint en Grèce et dans l'Asie Mineure avec Antoine, comme je l'ai déjà indiqué. Ce sont là des arguments de lieu, de temps, de circonstances, de nécessité qui nous amène à notre croyance, et qui nous arrivent encore bien plus à propos pour notre démonstration, que nous accompagnons de faits et de réflexions plus probants.

Et de quelle main pourrait être sorti l'admirable tableau dont je parle si ce n'est de Timomakos ; il nous présente tous les modes tous les caractères de son pinceau, que Pline le Jeune décrivit dans son traité d'histoire! Etant de Timomakos, pour quel autre aurait-elle pu être exécutée par ce peintre des César, si ce n'est pour Auguste à qui il importait de l'avoir.

Dans les peintures d'Apelle et de Timomakos en effet, il était quelquefois remarquable comme l'observe Pline, de voir rester quelque chose qui indiquait le premier trait comme dans la *Vénus* du premier et la *Médée* du second, et cependant malgré tout cela tous ces tableaux étaient l'objet d'une plus grande admiration que d'autres plus finis et plus parfaits, tant était grande le charme des passions qui perçaient dans ces peintures; or, dans notre *Cléopâtre* on voit précisément mais cachée derrière *le repentir* la première trace de l'index de la main droite, et l'on est plus surpris quand on la considère, de la douleur empreinte sur ce beau visage que de sa beauté. Apelle voilait ses peintures d'une couche sombre excessivement sobre pour donner plus d'austérité aux couleurs trop vives; ce qui fait qu'on éprouvait en les voyant, cet effet que l'on obtient, quand on regarde les peintures à travers un corps transparent; Timomakos imitait Apelle, agissait de même, et là précisément dans notre tableau actuel de *Cléopâtre*, le très illustre professeur de chimie M. Antoine Targioni Torzetti assure qu'il y avait une couche surajoutée qu'il enleva au moyen de la potasse caustique car elle était devenue trop sombre et trop tachetée.

Cette peinture donc exécutée à l'aide de couleurs composées de gomme de résine et de cire, ce qui est précisément le procédé employé dans ce temps-là, puis fixée et durcie au feu, ne saurait donc sortir des mains d'un autre que de Timomakos, peintre grec oriental; Orientale en effet et non italienne, a-t-on trouvé la matière ardoisée du tableau; d'une nature orientale toutes les couleurs qui y ont été employées.

Les bonnes réflexions n'étant jamais de trop, nous en ajouterons une : nous devons, en effet, observer que Zeuxis, Parhassius, Prologène, Apelle, Ximante, Aristide et tant d'autres de grand mérite étaient arrivés, en Grèce, aux derniers degrés de perfection dans l'art de la peinture classique, trois siècles avant l'époque dont je parle, et dans laquelle cet art divin commençait à pâlir; Timomakos était le dernier rayon parfait. Qu'on réfléchisse qu'après le premier Auguste, disparut rapidement le génie de la peinture ainsi que la passion avec laquelle on aimait et désirait à Rome les plus beaux tableaux, comme Pline nous le dit dans son histoire. Aussi une telle peinture n'ayant pu être faite auparavant, parce que l'action de *Cléopâtre* ne l'a point suivie, ni postérieurement, car on ne savait plus faire aussi bien, on est donc forcé de conclure que Timomakos dota, il y a 1850 ans, Rome de cet admirable chef-d'œuvre.

Je m'arrête ici un moment pour considérer quel rayon de lumière cette peinture projette sur l'histoire de cet art si sublime. Depuis que l'on s'est remis à faire et dire tant de belles choses sur cet art qui enchante les yeux et l'esprit, tous les philosophes ont voulu en traiter, tous les érudits en faire ressortir les qualités, tous ceux qui ont écrit l'histoire des Beaux-Arts ont essayé de leur rattacher celles qui venaient d'être découvertes, et firent autant d'époques de leur apogée, de leur décadence et de leur renaissance pour de nouvelles perfections. Les Apelle, les Parrhasius, les Protogène ont vécu, mais vingt-deux siècles, que ne consument-ils pas, que ne détruisent-ils pas? Le marbre seul les brave tous, et la preuve c'est qu'il nous a conservé jusqu'à ce jour ce qui des Agoracrèle, des Prolycrète, des Phidas, des Praxitèle, des Scopa, a pu échapper à la hache des barbares et à la persécution des sculptures païennes, mais imperfection de la matière trop fragile et trop peu permanente au milieu de la révolution des choses, où se trouve maintenant une grande peinture, je ne dirai pas des beaux siècles des Grecs, mais même des Romains du temps d'Auguste.

Les écrivains même, qui traitèrent de cet art sublime, nous ne pouvons plus les lire : Antigon et Xénocrate qui se lisaient au temps de Pline sont perdus. Qui peut savoir si les Grecs sculptèrent mieux qu'ils ne peignirent, s'ils peignirent mieux qu'ils ne sculptèrent, quand on manque de tous les éléments nécessaires pour établir un parallèle? Qui connaît ou voit maintenant la préparation que l'on faisait subir au tableau, les teintures, les impastations, les reliefs, les ombres, l'arrondissement des parties, la vérité parlante, et le procédé suivant lequel s'exécutaient les peintures? Le tableau dont nous parlons et qui date du règne d'Auguste, peint à l'encaustique et sorti de main grecque, tableau qui est devenu heureusement la propriété de MM. Micheli frères, trouvé dans la campagne Romaine, peut nous instruire sur ce sujet et donner à l'histoire et peut-être à la science une extension plus grande.

Qui fut le premier à peindre à l'aide de la cire colorée, de la gomme, des résines et peut-être à la fois avec toutes ces substances et le blanc d'œuf, qui fut le premier à fixer les peintures à l'aide du feu, d'après un procédé que l'on ne connaît plus, que l'on ne comprend plus, personne ne le savait au temps de Pline, pas même Pline lui-même; il raconte, en effet, que les uns prétendaient que c'était une invention d'Aristide, perfectionnée dans la suite par Praxitèle; les autres la faisaient remonter à des temps plus reculés encore, s'appuyant de cette circonstance que l'on avait de Niconare et d'Archésilas des peintures à l'encaustique et que Philippe qui vécut à une époque encore plus éloignée de nous, écrivit sur une de ses peintures, à Egine : *Enecausen*, Polignotos avait employé ce procédé : Pamphilos le prédécesseur d'Apelle, le leur enseigna non seulement à eux, mais encore à Pausias Sicionios qui excella à un si haut degré dans cet art. Quand donc Phidias, Scopa et Praxitèle sculptaient en Grèce, comme on n'a jamais plus su sculpter, les peintres classiques, leurs contemporains, peignaient à l'encaustique avec une égale perfection, car la peinture et la sculpture, ces deux sœurs, se sont toujours prêté mutuellement le secours de leur génie, et ce tableau de Timomakos, représentant *Cléopâtre*, et les très illustres professeurs de chimie dont j'ai parlé, l'on trouvé peint à l'encaustique. De la renaissance de l'art, de la peinture en Italie, grâce à Cimabué et à Giotto, jusqu'aux Léonard, aux Raphaël, aux André et de ceux-ci jusqu'à nous, aucun tableau n'a été ainsi peint, le procédé à l'encaustique n'ayant plus été connu.

Quel procédé, à jamais beau des Grecs de l'antiquité, ce dût être! Si Aristide, Polignotos, Apelle et Pausias s'en servirent, s'il fut suivi par les Niceas, les Timante, et transmis par tant d'autres et par l'habile Timomakos jusqu'au beau siècle d'Auguste, il est certain que c'était un procédé perfectionné. L'encaustique, en outre qu'il procurait aux tableaux plus de résistance, servait peut-être encore à donner une impastation, une fusion des couleurs entre elles de manière à rendre plus manifestement semblables à la réalité les choses peintes. L'encyclopédie nous fait observer d'une manière fort juste que Pline n'avait pas une idée parfaitement claire du procédé, que peindre à l'encaustique voulait dire : *ceris pingere ac picturam incerere* (Pline lib. 35, cap. III), et qu'à cette époque, d'après Vitruve, on ne peignait à la cire que sur les murailles, mais elle ne distingue pas, comme le fit Pline, que peindre à la cire sur les murailles était tout autre chose que de peindre sur un plat au moyen de la cire, de la gomme, des résines et d'autres ingrédients et en suivant des méthodes que nous ne connaissons plus aujourd'hui. De là vient que les encyclopédistes, désormais en paix, tombèrent dans l'erreur en doutant que les tableaux des Grecs célèbres pussent être des peintures fines.

Cette *Cléopâtre*, quelques-uns de ses cheveux bouclés s'échappant du reste de la chevelure et agités au souffle du zéphyr, le peintre les fit un à un ces fils d'or si ténus. Leur vue ferait changer d'avis aux encyclopédistes et leur montrerait combien étaient sublimes les autres tableaux Grecs et Romains, tous fatalement perdus. Et qu'on ne s'étonne point de leur disparition totale et absolue, qu'on n'en accuse point le temps, ni les barbares, ni les persécutions successives qu'eurent à souffrir les images païennes, Pline, en effet, que nous avons déjà cité et qui vivait sous le règne de Vespasien, le dit dans la préface de son livre, que les peintures avaient été autrefois en très grande estime, mais que de son temps à ce goût avait succédé celui des splendides folies. Il se plaignait que les belles peintures fussent enlevées de Rome et exilées dans les villas. Les tableaux ne nous plaisent plus, disait-il, ni ce que dans les habitations nous fait apercevoir les montagnes et les hommes ; elles se couvrent maintenant de marbre taillés ou ornés d'argent ou d'or ; il dit que le portrait n'était plus en usage, mais qu'on ornait les maisons d'écus d'argent ou de cuivre doré, à l'effigie de personnages étrangers et inconnus, et que l'art sublime de la peinture s'en allait mourant, et que les autres se perdaient, tant la vanité et les inconséquences avaient aveuglé et étouffé le talent des Romains. . . . . . .

. . . .

Maintenant que j'ai parlé et traité de la chose plus importante de notre sujet, je passerai sous silence le gracieux et barbare ornement de la Reine, lequel ne peut-être intéressant que pour la belle science des monuments antiques, sa royale couronne d'or du goût de ce temps-là, diadème exempt des lois du blason qui s'introduisit en Europe. Au-dessous de lui est détachée, comme une étoile solitaire qui brille au milieu du front une pierre précieuse dont l'éclat est celui du saphir ; cette pierre précieuse est adaptée à un fil très tenu qui passe sous la couronne, lui ceint la tête et fixe sur les côtés sa belle chevelure dorée dont deux belles tresses descendent de la partie postérieure de la tête pour se réunir et former au-devant de son col nu un beau nœud, d'où résulte un bouquet de cheveux comme une fleur ou un bijou dans cette partie voluptueuse, puis et à distance, des tresses qui tombent des épaules sur la poitrine est un long collier composé de pierres précieuses montées sur or, et reliées ensemble à l'aide du métal, diamants, saphirs séparés par des perles, ornement barbare, mais qui nous rappelle le goût égyptien.

A la partie supérieure du bras droit, sous l'épaule là où la délicatesse est la plus voluptueuse, ce n'est point cette ceinture de Vénus sur laquelle ont tant écrit les poètes, mais un large bracelet richement orné, de goût égyptien et vers le poignet du même bras au lieu de bracelet nous voyons trois colliers longs tenus et d'une mystérieuse signification; peut-être les souvenirs de trois personnes qui lui furent les plus chères et les plus proches, je veux dire Jules César, Ptolémée et Antoine, peut-être rappelent-ils sa triple royauté, car elle fut Reine d'Egypte, Reine de Lybie, d'anciens titres la faisaient Reine de Grèce; peut-être avaient-ils une tout autre signification, je laisse volontiers le soin de rechercher à d'autres que moi plus versés dans la science des antiquités.

J'ai la certitude bien positive que ce tableau admirable a été mis à côté des œuvres de Raphaël, de Léonard, de Irate et d'André, ô noms vénérables éternels qui font tant d'honneur à l'Italie!

Mais ce n'est point là le sujet que j'ai à traiter : j'admire la grande valeur et je sens dans mon âme l'effet des peintures, des grands maîtres, mais je ne suis pas peintre, et ne me flatte point de pouvoir donner mon avis sur une œuvre aussi profonde. J'ai mis les connaissances qui m'appartiennent à éclairer ce tableau précieux, qui a eu le privilège de survivre seul au naufrage de tous les autres à travers ces longs siècles où l'Italie fut la proie des barbares; tableau qui fut digne d'Auguste, car c'est une œuvre supérieurement belle, sortie des mains d'un grand peintre que ce prince estimait, et qu'elle représente un objet qui fit partie de sa gloire; œuvre très importante au point de vue de l'Art, car elle remet en lumière le grand effet de l'antique et admirable peinture à l'encaustique, procédé qui à la suite des invasions des barbares, fut perdu pour la science de l'homme.

Au nom de Dieu, Amen.

S'étant présenté personnellement devant moi, notaire soussigné, le très illustre avocat Jean-Baptiste Tanucci, professeur de Beaux-Arts à Pise et très célèbre antiquaire dans la dite ville, a déclaré être de lui la présente dissertation, l'avoir écrite de sa propre main et en toutes lettres.

Dr FRANÇOIS, résident à Florence.

Dr JOSEPH DEL GRECO, notaire royal.

Certifié par moi soussigné, premier ministre des Archives générales publiques des contrats à Florence que le sus-désigné, docteur François del Greco est tel qui se signe, notaire public à Florence.

Délivré par le ministre des Archives des contrats à Florence le 19 juin 1822.

Dr Biaggio CHIOCCHINI.

Vu pour la légation de la signature et la qualité du docteur Biaggio Chiocchini.

Florence, 18 juin 1822.

Par le Président du Conseil suprême de Justice,
Jean ALBERTI, président.

Attesté par moi soussigné, conseiller, secrétaire d'Etat, ministre des Affaires étrangères, que M. Jean Alberti est bien tel qu'il se qualifie, président du Conseil supérieur de Justice et en foi.

Florence, le 20 juin 1822.

V. FOSSOMBRONI.

Vu par nous, ministre plénipotentiaire de France en Toscane pour légalisation de la signature de Son Excellence M. le chancelier Fossombroni, secrétaire d'Etat, ministre des Affaires étrangères de Son A. I. et R. le Grand duc de Toscane.

Florence, le 21 juin 1822.

Marquis de la MAISONFORT.

Enregistré à Florence, le 19 juin 1882 (vol. 55, Fo 165, C. I.)

Tuz Unazira CAPPELLI.

(Antologia, Tom. VII, N. XX., août 1822, page 298)

VIII

BEAUX-ARTS

Lettre de M. Ridolfi au professeur Petrini, contenant l'examen chimique d'une peinture antique a l'encaustique

A vous, M. le Professeur qui vous êtes tant occupé de l'étude des couleurs employées dans les peintures de l'antiquité, il ne vous déplaira point certainement d'avoir connaissance du travail que je viens d'achever, pour retrouver la nature des teintures et des mastics employés dans un tableau aussi précieux qu'authentique, représentant *Cléopâtre* blessée par un serpent, dans plus de la moitié de sa hauteur, et de grandeur naturelle. (Voir le dessin ci-joint).

Cette œuvre se trouvait dans les mains do M. le docteur Louis Micheli, connaisseur éclairé et collecteur intelligent de divers objets concernant les Beaux-Arts, quand il résolut de m'honorer de sa confiance, en me chargeant d'examiner chimiquement cette peinture qui, en outre de la valeur que lui donnent la correction du dessin et l'expression des sentiments de l'âme. offre encore un coloris si brillant et une *impastation* si singulière qu'elle ne saurait être supposée exécutée à l'huile, ni à l'œuf, ce qui accroît encore l'intérêt qui s'y attache.

La peinture repose sur une ardoise assez compacte et grisâtre; cinq couleurs semblent y avoir été employées : une verte, deux rouges, une jaune et une blanche, que l'art peut bien distinguer, mais pas la science et qui se rangent parmi les teintes, c'est pourquoi je vous demande toute votre indulgence pour excuser mes expressions un peu libres et qui ne sont point celles que l'art emploie.

Aucun coup de pinceau ne se remarque dans cette peinture et la couche qui est formé par les couleurs sur le plan de l'ardoise est très mince. Les chairs et les draperies à peu près chacune de ces parties isolément, sont si bien empastées, les couleurs si bien unies qu'elles paraissent fondues, comme si c'étaient des émaux dont elles ont le brillant, je dirai même l'apparence vitreuse ; outre le plan du tableaux et les contours du visage on remarque une différence de niveau très sensible ; il en est de même entre les vêtements et les parties nues, ainsi qu'entre celles-ci et les objets de parure, toutes choses qui sont mises en relief d'une façon admirable. Le serpent surtout se détache si bien de tout le reste, ce qui lui donne une telle apparence de vérité qu'on le dirait vivant et qu'il vous fait peur.

J'ai cru devoir noter ces particularités, non que je veuille les expliquer, mais pour inviter à les approfondir ceux à qui elles paraîtraient aussi intéressantes qu'elles me l'ont semblé à moi-même. Une impastation de terre verte et de carbonate de cuivre constitue la couleur verte, employée dans tout le fond du tableau qui représente un rideau ; le tritoxyde de fer a fourni le rouge du manteau ; le sulfuré rouge de mercure a servi pour les ombres des plis de ce même manteau ; une ocre jaune a été employée pour imiter l'or des bijoux de la femme, et une chaux blanche très belle (dont l'usage a été fâcheusement abandonné dans la peinture) a donné les clairs-obscurs et les effets de la lumière réfléchie.

La substance employée dans la peinture des chairs n'a point été analysée, le propriétaire ne voulant point laisser endommager si manifestement son tableau en le grattant dans une partie si visible et si bien conservée. L'enveloppe des couleurs est soluble dans l'éther ; à l'évaporation de son dissolvant elle est d'une couleur jaunâtre, d'une odeur qui rappelle celle de la myrrhe, salubre dans l'alcool, insoluble dans l'eau (elle trouble au contraire les solutions alcooliques) brûle en exhalant une fumée, semblable à celle qui se produit dans la combustion de la cire, et n'arrive à son point de fusion qu'à une température supérieure à celle de la liquéfaction de la cire. A ces caractères je crus avoir affaire à un mélange de quelque résine avec de la cire, et ne pus me dispenser, pour tirer la chose au clair de suivre un autre procédé, lequel diminuant l'intimité du mélange opéré par la fusion, permet de séparer ces deux principes qui auparavant s'entraînaient mutuellement dans la solution.

Je fis dissoudre le tout à chaud dans l'ammoniaque caustique, puis ajoutant à la solution un peu d'acide chloshydrique j'obtins un précipité blanc floconneux que je lavai avec soin et desséchai : la substance ne fut plus alors tout entière soluble dans l'alcool *concentrée* et froid, mais seulement en partie ; la cire restant, et la résine s'en allant avec l'alcool; cette dernière reparaissant par l'évaporation parut offrir tous les caractères du mastic. Les proportions constituantes de ce mastic étaient en poids une partie de cire pour deux de mastic.

Arrivé à ce résultat je fis dissoudre dans l'huile de naphte pure de la cire totalement exempte de matières étrangères et du mastic en larmes dans les proportions sus-indiquées; je formai ainsi un vernis assez dense, auquel j'ajoutai du tritoxyde de fer, et à l'aide d'un pinceau j'appliquai ma teinture sur une ardoise; elle se prit à l'instant, mais n'avait aucun brillant et conservait les traces du pinceau. Je laissai alors l'ardoise horizontalement située et j'en approchai à peu de distance une lame de fer rougie au feu. La fusion ne tarda pas à avoir lieu, le vernis se pris de nouveau à l'éloignement de la source du calorique et eut alors du brillant et de la solidité; toutes les traces du pinceau disparurent. Au milieu de cette couche de couleur je portai en divers points des coups de pinceau, d'autres couleurs, mais préparées suivant le procédé que nous avons indiqué; j'opérai la fusion comme précédemment, elle se produisit pour la première couche. Au refroidissement je trouvai que les couleurs ne s'étaient point mélangées, que les couches étaient à des plans différents, mais que celle qui avait subi deux fusions avait perdu de son brillant.

Je répétai alors l'expérience toujours d'après le même procédé, ne faisant pourtant cette fois subir qu'une seule fusion générale à ma peinture grossière. Elle représentait un plan rouge qui servait de fond aux deux tableaux à deux lignes parallèles, l'une verte et l'autre jaune, lesquelles étaient ensuite coupées à angles droits par deux autres lignes, l'une blanche et l'autre noire. Après la fusion et le refroidissement graduel, toutes les couches parurent transparentes; les lignes étaient restées bien nettes, les divers plans nous paraissaient avoir conservé leurs rapports réels. Sur une autre ardoise je traçai deux lignes parallèles, l'une rouge, l'autre verte à peu de distance l'une de l'autre; comme les couleurs étaient encore fraîches, je les desséchai à l'aide d'un pinceau, plongé dans l'huile de naphte, et comme ont l'habitude de dire les artistes, je mariai les deux couleurs; la fusion n'altéra pas plus les choses qu'elle n'en améliora l'effet.

Je ne crois pas, M. le Professeur, avoir rien dit de nouveau, et il me semble vous entendre me citer au moins Pline parmi les anciens, Fabroni chez les modernes, qui relativement à l'art peinture à l'encaustique nous ont donnés des préceptes; il me semble encore vous entendre faire mention de certaines peintures exécutées d'après des procédés semblables aux nôtres, mais ce que je crois seulement avoir prouvé, c'est que le tableau dont-il est ici question, est antérieur à la décadence de la peinture, et qu'il est grec (1) non romain, peuples chez lesquels ce mode de peinture était en usage, car depuis la renaissance de l'art, depuis l'invention de la peinture n'a jamais été employé que dans quelques Ecoles; d'où je conclus que nous devons regarder ce tableau comme un objet précieux dont l'état de parfaite conservation, à la honte du temps et de mille vicissitudes, devrait faire naître chez les modernes l'envie de reprendre la pratique de leurs premiers maîtres.

Florence, 15 Juin 1822.

Signé : Cosimo-Ridolfi.
Professeur de Chimie.

Approuvé : Targioni-Torzetti.
Professeur de Chimie.

Nous nous permettons de faire observer que la traduction des deux documents formant les Chapitres VI et VII, a été des plus difficile et délicate, à cause de l'écriture presqu'indéchiffrable des manuscrits de ces savants toscans, déposés aux Archives publiques de Florence. Tous le monde pourra comme nous prendre connaissance de ces documents authentiques, de célèbres savants toscans, tels qu'étaient le fameux professeur J.-B. Tanucci, et les deux célèbres chimistes : marquis Cosimo-Ridolfi et Targioni-Torzetti.

Le baron Von Liebig de Munich, également un grand chimiste allemand, ayant eu connaissance de cette analyse, la vérifia de son côté, et ensuite l'approuva pleinement.

(1). Cette peinture étant grecque, Timomakos pourrait en être l'auteur, Plutarque raconte que Timomakos connut Cléopâtre en 714, alors qu'elle se rendit en Grèce à la recherche d'Antoine. Auguste vainqueur avait voulu, selon sa coutume, orner son char du portrait de la Reine vaincue; car elle avait sauvé sa personne de cette ignominie en se donnant la mort. Auguste avait en grande estime Timomakos, dont il conservât l'*Ajax*, la *Médée*, l'*Oreste*, l'*Iphigénie* et la *Gorgone*, toutes œuvres de son pinceau. A qui donc Auguste pouvait-il s'adresser mieux qu'à Timomakos pour avoir ce portrait. L'Egypte à cette époque ne possédait aucun peintre célèbre; à Rome on assistait à la décadence de l'art; Timomakos était un des bons imitateurs d'Apelle, et la *Cléopâtre* dont nous nous sommes occupés nous présente tous les caractères de sa manière de peindre telle que l'a décrite Pline le Jeune.

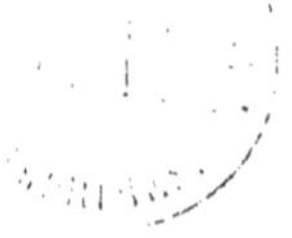

www.ingramcontent.com/pod-product-compliance
Lightning Source LLC
LaVergne TN
LVHW012011160826
845678LV00002B/767

* 9 7 8 2 3 2 9 6 6 3 7 5 3 *